새로운 도서,
다양한 자료
동양북스
홈페이지에서
만나보세요!

www.dongyangbooks.com
m.dongyangbooks.com

※ 학습자료 및 MP3 제공 여부는 도서마다 상이하므로 확인 후 이용 바랍니다.

홈페이지 도서 자료실에서 학습자료 및 MP3 무료 다운로드

PC

❶ 홈페이지 접속 후 도서 자료실 클릭
❷ 하단 검색 창에 검색어 입력
❸ MP3, 정답과 해설, 부가자료 등 첨부파일 다운로드

* 원하는 자료가 없는 경우 '요청하기' 클릭!

MOBILE

* 반드시 '인터넷, Safari, Chrome' App을 이용하여 홈페이지에 접속해주세요. (네이버, 다음 App 이용 시 첨부파일의 확장자명이 변경되어 저장되는 오류가 발생할 수 있습니다.)

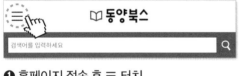

❶ 홈페이지 접속 후 ☰ 터치

❷ 도서 자료실 터치

❸ 하단 검색창에 검색어 입력
❹ MP3, 정답과 해설, 부가자료 등 첨부파일 다운로드

* 압축 해제 방법은 '다운로드 Tip' 참고

| 일본어뱅크 |

배우면 배울수록 일본어가 좋아지는

좋아요 일본어

감영희 · 사이키 가쓰히로 · 사쿠마 시로 지음

4

동양북스

| 일본어뱅크 |

배우면 배울수록 일본어가 좋아지는

좋아요 일본어 4

초판 2쇄 | 2023년 9월 5일

지은이 | 감영희, 사이키 가쓰히로, 사쿠마 시로
발행인 | 김태웅
책임편집 | 길혜진, 이선민
디자인 | 남은혜, 김지혜
일러스트 | 임은정
마케팅 | 나재승
제　작 | 현대순

발행처 | (주)동양북스
등　록 | 제 2014-000055호
주　소 | 서울시 마포구 동교로22길 12 (04030)
구입문의 | 전화 (02)337-1737　팩스 (02)334-6624
내용문의 | 전화 (02)337-1762　dybooks2@gmail.com

ISBN 979-11-5768-504-2 14730
　　　979-11-5768-282-9 (세트)

이 도서의 국립중앙도서관 출판예정도서목록(CIP)은 서지정보유통지원시스템 홈페이지(http://seoji.nl.go.kr)와 국가자료공동목록시스템
(http://www.nl.go.kr/ kolisnet)에서 이용하실 수 있습니다.
(CIP제어번호:CIP2019011398)

머리말

일본어는 한국인에게 배우기 쉬운 외국어로 알려져 있습니다. 그것은 양국의 언어가 같은 우랄·알타이어족으로 어순이 같고 문법이나 어휘적 측면에서 비슷한 부분이 많기 때문일 것입니다. 또한 음성학적으로도 몇 가지 발음체계 자체의 상이함이나 한국어에는 없는 발음도 있지만, 일본어 발음에 필요한 요소들 대부분은 한국인 학습자에게 그다지 어렵지 않을 것이라는 판단 때문입니다.

본 교재는 그러한 측면에서 '일본어를 학습하는 데 있어 한국인 학습자가 지닌 장점'을 최대한 활용할 수 있도록 노력하였습니다. 이를 위해 때로는 복잡한 부분을 생략하거나 보다 더 간략하게 정리하기도 했습니다.

예를 들면, 유사한 문법을 많이 다루거나 비교를 위해 필요 이상으로 복잡한 연습을 시키는 일은 하지 않았습니다. 또한, 접속 형태나 의미 기능에 관해서도 상세한 설명은 하지 않고 예문과 연습 문제를 통해 쉽게 이해할 수 있도록 유도하였습니다. 꼭 필요한 경우에는 [Tip]을 달아 간략하게 설명하는 것으로 대체했습니다. 그리고 문법이 단계별로 구성되어 있지만 일반적인 문법 교재에 나올 만한 문법을 모두 다루지는 않았습니다. 기본은 단계별로 하되, 그보다 더 사용빈도가 높거나 공부하기 쉬운 문법을 중요시했기 때문입니다.

이 시점에서 '심화학습을 기대하기 어렵다'는 불만이 나올 수도 있습니다. 하지만 저자 일동은 문법 사항을 총망라하는 것보다 비교적 이해하기 쉽고 사용에 편리한 내용을 우선 도입함으로써, 학습자의 마음을 편히 하고 재미있는 학습을 유도하여 성취감을 얻을 수 있다는 점에 더 중점을 두었습니다. 학습 과정에서 어려운 벽에 부딪혀 중도에 포기하고 마는 안타까운 일이 있어서는 안 되기 때문입니다. 저자 일동은 학습자들이 본 교재를 통해 '일본어는 정말 쉽고 재미있다'는 생각을 하게 되기를 진정으로 바랍니다.

외국어 학습이란 긴 여행과도 같습니다. 아무리 뛰어난 교재라 할지라도 긴 여행에 필요한 모든 것을 갖추기란 어려운 일입니다. 본 교재는 이제 중급 수준으로 올라 거기서 만나게 될 다양한 표현들을 익히는 데에 필요한 최소한의 내용을 가장 알차게 다룸으로써, 실패하는 학습자가 생기지 않도록 세심한 주의를 기울여 구성하였습니다. 일본어 학습이라는 기나긴 여행을 본 교재와 함께한다면, 가던 길을 금방 멈추고 되돌아서는 일은 결코 없을 것임을 확신합니다.

부디 학습자 여러분의 일본어 학습에 도움이 되는 좋은 교재가 되기를 희망하며, 좋은 성과가 있기를 기원합니다.

감사합니다.

2019년 4월 저자 일동

이 책의 구성과 특징

▶ 전체 구성

모두 10개 과로 구성되었으며, 각 과는 회화, 문법 설명, 심화 학습을 위한 다양한 연습, 문제 풀이, 펜맨십, 일본 문화 탐방 등을 배치하여 학습의 효율성을 극대화하는 데 역점을 두었다. 이상의 요소를 아래에 자세하게 설명한다.

1. 단원 소개

각 과의 제목과 해당 과에서 학습하게 될 주요 내용을 간략하게 소개한다.

2. 회화

각 과에서 학습할 모든 사항이 집약된 메인 회화문이다. 먼저 읽기와 뜻 파악에 도전해 보고, 문법 사항들을 학습한 후에 다시 한 번 도전해 봄으로써 학습자 스스로 향상된 실력을 점검해 볼 수 있다.

3. 학습 포인트

각 과에서 학습할 문법을 항목별로 자세하게 다루었다. 특히 각 항목마다 제공되는 풍부한 예문은 이해도를 높여 학습 동기 부여에 큰 도움이 된다.

4. 연습

'학습 포인트'에서 익힌 내용을 '공란을 채워 문장 완성하기' 등의 방법을 이용해 연습함으로써 핵심 내용을 확실하게 자기 것으로 만들 수 있도록 했다.

5. 회화 연습

주어진 질문에 대답하는 형식이다. 대답은 정답이 있는 것이 아니라 학습자의 상황에 맞는 대답을 하는 형식이어서 강의실에서 다양한 상황을 연출할 수 있다. 이는 학습자의 수업 참여도에 큰 이점으로 작용할 것으로 기대된다.

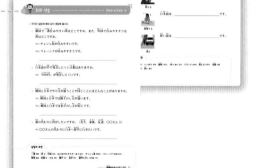

6. 읽기 연습

각 과에서 학습한 내용이 집약된 비교적 긴 문장을 읽고 해석해 봄으로써 지금까지 학습한 내용을 되새김하는 시간을 제공한다. 얼마나 정확한 해석이 가능한지 측정해 보고, 특히 읽을 때는 처음부터 끝까지 틀리지 않고 읽을 수 있도록 도전해 보는 것도 좋은 효과를 낼 수 있다.

7. 쓰기 연습

학습한 내용을 바탕으로 지시문에 따라 자신의 생각을 일본어로 옮겨 보는 작문 연습이다. 이는 말하기 연습과 같은 효과를 낼 수 있어서 '읽기 연습'과 더불어 각 과의 최종 정리 시간이 된다.

9. JLPT에 도전!

각종 시험에서 나올 수 있는 문제 형식을 이용해 각 과에서 학습한 내용도 점검하고 JPT, JLPT 등 대표적인 일본어 능력시험의 문제 형식에도 익숙해질 수 있어서 일거양득의 효과를 기대할 수 있다.

* 일본 문화탐방

'일본 문화 탐방'에서는 일본을 이해하는 기초 자료와 관련 이미지를 함께 제공한다. 언어는 문화에서 나오는 만큼 문화를 이해하는 힘은 일본어 능력 향상에도 큰 도움이 될 것이다.

* 펜맨십

'펜맨십'에서는 각 과에서 학습한 내용과 관련된 가타카나와 한자 어휘를 직접 따라 써 보면서 익힐 수 있도록 구성하였다.

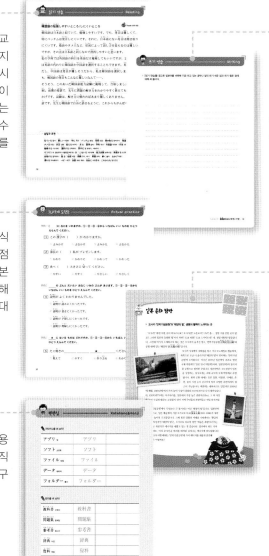

주요 문법 복습

동사 가능형 활용

3그룹 동사	불규칙적인 활용. する → できる(할 수 있다) くる → こられる(올 수 있다)
2그룹 동사	る를 떼고 られる를 붙인다. みる → みられる(볼 수 있다) たべる → たべられる(먹을 수 있다)
1그룹 동사	어미(u단)를 e단으로 바꾸고 る를 붙인다. いく → いける(갈 수 있다) のむ → のめる(마실 수 있다) つくる → つくれる(만들 수 있다)

동사 ない형 활용

3그룹 동사	불규칙적인 활용. する → しない(하지 않다) くる → こない(오지 않다)
2그룹 동사	る를 떼고 ない를 붙인다. みる → みない(보지 않다) たべる → たべない(먹지 않다)
1그룹 동사	어미(u단)를 a단으로 바꾸고 ない를 붙인다. いく → いかない(가지 않다) のむ → のまない(마시지 않다) つくる → つくらない(만들지 않다) ※ 단, う로 끝나는 동사는 あ가 아니라 わ로 바꾼다. 　かう → かわない(사지 않다) いう → いわない(말하지 않다)

説明がわかりやすいです。

설명이 이해하기 쉽습니다.

point

Track 4-01-01

安 さっきのプレゼン、説明がわかりやすくて、よかった
ですよ。

岡田 ありがとうございます。アンさんも来週プレゼンですよね。

安 はい、今資料を作ってるんですが、ソフトが使いにく
くて……。

岡田 この新しいソフト、知ってますか。すごく使いやすい
ですよ。

安 へえ、いいですね。じゃあ、僕の代わりに資料作って
ください！

岡田 本気で言ってるんですか。

安 冗談ですよ。使い方教えてください。

▶ 낱말과 표현

さっき 아까 | プレゼン 프레젠테이션(プレゼンテーション의 준말) | 説明 설명 | 分かる 알다(이해하다) |
来週 다음 주 | 資料 자료 | 作る 만들다 | ソフト 소프트웨어(ソフトウェア의 준말) | 使う 사용하다 | 新しい 새롭다 |
知る 알다(지식을 얻다) | すごく 굉장히 | へえ 감동하거나 놀랐을 때 쓰는 감탄사 | ～の代わりに ～대신에 | 本気 진심 |
言う 말하다 | 冗談 농담 | ～方 ～하는 방법

01 ～やすい / にくい ～하기 쉽다/어렵다

≫ 【ます형】＋やすい/にくい

| 예문 |

❶ あの人の話は、分かりにくいです。

저 사람이 하는 이야기는 이해하기 어렵습니다.

❷ この道は広くてきれいで、歩きやすいですね。

이 길은 넓고 깨끗해서 걷기 편하네요.

❸ 僕が肉を食べやすく切ってあげるよ。

내가 고기를 먹기 편하게 잘라 줄게.

❹ このコーヒーは、苦くてちょっと飲みにくいな。

이 커피는 써서 좀 마시기 힘들어.

❺ もう少し使いやすいアプリはないの？

좀 더 사용하기 쉬운 앱은 없어?

▶ **낱말과 표현**

話 이야기 | **道** 길 | **広い** 넓다 | **歩く** 걷다 | **肉** 고기 | **切る** 자르다 | **苦い** (맛이) 쓰다 | **もう少し** 좀 더 |

アプリ 앱(アプリケーション의 준말)

02 ~方 ~하는 방법/방식

» 【ます형】+ 方

| 예문 |

❶ このソフトの使い方がわかりません。

이 소프트웨어를 쓰는 방법을(어떻게 쓰는지) 모르겠습니다.

❷ マクドナルドは世界どこでも注文のし方が同じです。

맥도날드는 세계 어디서든 주문하는 방식이 같습니다.

❸ 韓国語の教え方について学んでいます。

한국어를 가르치는 방법(한국어 교수법)에 대해 배우고 있습니다.

❹ あの人は話し方がとても優しいですね。

저 사람은 말하는 투(말투)가 매우 상냥하네요.

Tip

'~方는 직역하면 '~하는 방법/방식'인데, '~하는 스타일/모습/자세/투' 등으로 해석될 때도 있고, '어떻게 ~하는지'로 해석하는 것이 자연스러운 경우도 있습니다.

生き方 생활 스타일
歩き方 걷는 자세
話し方/言い方 말투
読み方 어떻게 읽는지
駅までの行き方
역까지 어떻게 가는지

또한 '…을/를 ~하는 방법/방식'을 나타낼 때는 '…の~方'라는 문형을 사용합니다.

버스를 타는 방법
バスの乗り方

단어를 찾는 방법
単語の調べ方

▶ **낱말과 표현**

マクドナルド 맥도날드 | **世界** 세계 | **どこでも** 어디서든 | **注文** 주문 | **同じ** 같다 | **学ぶ** 배우다 |
優しい 상냥하다 | **生きる** 살다 | **駅** 역 | **単語** 단어 | **調べる** 조사하다, 찾다

03 　〜の代わりに 〜대신에

» 【명사】＋の代わりに

Tip

명사뿐만 아니라 용언의 보통체 접속으로 사용되는 경우도 있습니다. 이때 동사 기본형으로 사용되는 경우가 많습니다.

野菜を食べる代わりに
野菜ジュースを飲んでいます。
채소를 먹는 대신에 채소 주스를 마시고 있습니다.

明日休む代わりに日曜日に出勤します。
내일 쉬는 대신에 일요일에 출근할게요.

| 예문 |

❶ 河合先生の代わりに私が授業をします。

　가와이 선생님 대신에 제가 수업을 합니다.

❷ ボンドの代わりにのりを使ってもいいですか。

　본드 대신에 풀을 사용해도 됩니까?

❸ 面倒だから、ご飯の代わりにパンを食べよう。

　귀찮으니까 밥 대신에 빵을 먹자.

❹ 今日は、夫の代わりに息子を連れて来ました。

　오늘은 남편 대신에 아들을 데리고 왔습니다.

▶ **낱말과 표현**

授業 수업 ｜ ボンド 본드 ｜ 糊 풀 ｜ 面倒だ 귀찮다 ｜ 夫 남편 ｜ 息子 아들 ｜ 連れて来る 데리고 오다 ｜ 野菜 채소 ｜
ジュース 주스 ｜ 休む 쉬다 ｜ 日曜日 일요일 ｜ 出勤する 출근하다

▶ 아래 예와 같이 문장을 완성해 봅시다.

예)

動く

韓国のハンボクは、動きやすいです。

한국의 한복은 움직이기(활동하기) 편합니다.

日本の着物は、動きにくいです。

일본의 기모노는 움직이기(활동하기) 불편합니다.

❶

持つ

このブランドのカバンは、＿＿＿＿＿＿＿です。

❷

覚える

日本人の名前は、＿＿＿＿＿＿＿＿＿です。

❸

勉強する

日本語は、＿＿＿＿＿＿＿＿＿＿です。

❹

通る

狭い道は、＿＿＿＿＿＿＿＿＿＿です。

▶ **낱말과 표현**

動く 움직이다 ｜ ハンボク 한복 ｜ 着物 기모노 ｜ 持つ 들다, 갖다 ｜ ブランド 브랜드 ｜ 覚える 외우다 ｜ 名前 이름 ｜
通る 지나가다 ｜ 狭い 좁다

▶ 아래 예와 같이 문장을 완성해 봅시다.

예)

新村_{シンチョン}までの<u>行_いき方_{かた}</u>を教_{おし}えてください。

신촌까지 어떻게 가는지 가르쳐 주세요.

行_いく

❶

カルビタンの＿＿＿＿＿＿＿を知_しっていますか。

作_{つく}る

❷

あの歌手_{かしゅ}の＿＿＿＿＿＿＿＿＿が好_すきです。

歌_{うた}う

❸

韓国_{かんこく}と日本_{にほん}は、ご飯_{はん}の＿＿＿＿＿＿＿が、
かなり違_{ちが}います。

食_たべる

❹

ゲームを始_{はじ}める前_{まえ}に、＿＿＿＿＿＿＿を
よく読_よんでください。

遊_{あそ}ぶ

▶ 낱말과 표현

カルビタン 갈비탕 | **歌_{うた}う** (노래를) 부르다 | **歌手_{かしゅ}** 가수 | **かなり** 꽤, 상당히 | **違_{ちが}う** 다르다 | **始_{はじ}める** 시작하다 |
～前_{まえ}に ～하기 전에 | **よく** 잘

▶ 아래 예와 같이 문장을 완성해 봅시다.

예)

1 | 메밀국수 |

そばの代わり(か)にうどんを食(た)べます。
메밀국수 대신에 우동을 먹습니다.

2 | ~를 끼다 |

眼鏡(めがね)の代(か)わりにコンタクトを付(つ)けます。
안경 대신에 콘택트렌즈를 낍니다.

❶ 숟가락
_____箸(はし)で食(た)べます。

❷ 비행기
_____フェリーで日本(にほん)に行(い)きます。

❸ ~를 타다
(자유롭게 말하기)
電車(でんしゃ)の代(か)わりに_____ます。

❹ ~를 마시다
(자유롭게 말하기)
コーヒーの代(か)わりに_____ます。

▶ **낱말과 표현**

コンタクト 콘택트렌즈(コンタクトレンズ의 준말) | **付ける**(つ) 끼다, 부착하다 | **スプーン** 숟가락 | **箸**(はし) 젓가락 |
飛行機(ひこうき) 비행기 | **フェリー** 페리, 연락선 | **電車**(でんしゃ) 전철

▶ 주어진 질문에 예와 같이 대답해 봅시다.

① 韓国で一番住みやすい所はどこですか。

また、外国で住みやすそうな所はどこですか。

예1) チェジュ島が住みやすいです。

예2) マレーシアが住みやすそうです。

_____

② 日本語の中で発音しにくい言葉はありますか。

예) 「600円」が発音しにくいです。

_____

③ 韓国と日本でやり方が違うことや同じことにはどんなことがありますか。

예1) 韓国と日本では握手のし方が違います。

예2) 韓国と日本では拍手のし方が同じです。

_____

④ 誰の代わりに何がしたいですか。(先生, 家族, 友達, 〇〇さん 등)

예) 〇〇さんの代わりに日本へ旅行に行きたいです。

_____

▶ 낱말과 표현

一番 제일 | **所** 곳 | **外国** 외국 | 동사 **ます형+そうだ** ~할 것 같다 | **チェジュ島** 제주도 | **マレーシア** 말레이시아 |
発音 발음 | **言葉** 말 | **やる** 하다 | **握手** 악수 | **拍手** 박수 | **旅行に行く** 여행을 가다

韓国語の勉強しやすいところ/しにくいところ

Track 4-01-02

韓国語は日本語と似ていて、勉強しやすいです。でも、発音は難しくて、特にパッチムは発音しにくいです。それに、日本語にない母音は聞き取りにくいです。敬語やタメ口など、状況によって話し方を変えるのは難しいですが、その点は日本語と同じなので習得しやすいと思います。

私の学科では外国語の科目を英語だけ履修してもいいですが、2年生からは英語の代わりに韓国語か中国語を選択することもできます。英語は苦手だし、中国語は発音が難しそうだから、私は韓国語を選択しました。でも、韓国語の発音もこんなに難しいなんて……。

そうそう、このあいだ韓国語能力試験に挑戦して、合格しました(級は秘密)。前期の授業で、先生に問題の解き方をわかりやすく教えてもらったおかげです。試験は、解き方に慣れればあまり難しくありません。問題は会話です。先生と韓国語で自由に話せるように、これからもがんばります。

▶ 낱말과 표현

似ている 닮다 | 難しい 어렵다 | 特に 특히 | パッチム 받침 | 母音 모음 | 聞き取る 알아듣다 | 敬語 경어 |
タメ口 반말 | 状況 상황 | 変える 바꾸다 | 点 점 | 習得 습득 | 学科 학과 | 外国語 외국어 | 科目 과목 |
履修する 이수하다 | 選択する 선택하다 | 苦手だ 잘 못하다, 서투르다 | そうそう 아, 참(생각이 떠올랐을 때 하는 말) |
このあいだ 지난번에 | 能力試験 능력시험 | 挑戦する 도전하다 | 合格する 합격하다 | 級 급 | 秘密 비밀 |
前期 전기, 1학기 | 問題 문제 | 解く 풀다 | おかげ 덕분 | 慣れる 익숙해지다 | ～ば ～하면 | 会話 회화, 대화 |
自由に 자유롭게 | これからも 앞으로도

▶ [읽기 연습]을 참고로 일본어를 비롯해 지금 하고 있는 공부나 일의 하기 쉬운 점과 하기 힘든 점에
대해 써 봅시다.

問題1 (　　　)に なにを いれますか。①・②・③・④から いちばん いい ものを ひとつ えらんで ください。

1 この 漢字の (　　　) が わかりますか。

① よみかけ　　　② よむかけ　　　③ よみかた　　　④ よむかた

2 部長の (　　　) 私が プレゼンします。

① かわり　　　② かわりに　　　③ かわって　　　④ かわった

3 食べ (　　　) 大きさに 切って ください。

① やすい　　　② やすく　　　③ やさしい　　　④ やさしく

問題2 ＿＿＿の ぶんと だいたい おなじ いみの ぶんが あります。①・②・③・④から いちばん いい ものを ひとつ えらんで ください。

4 説明が よく わかりませんでした。

① 説明が 読みにくかったです。

② 説明が 書きにくかったです。

③ 説明が 予想しにくかったです。

④ 説明が 理解しにくかったです。

問題3 ＿＿★＿＿に はいる ものは どれですか。①・②・③・④から いちばん いい ものを ひとつ えらんで ください。

5 たこ焼きの＿＿＿＿＿＿ ＿＿＿＿＿＿ ＿＿★＿＿ ＿＿＿＿＿＿ください。

① 教えて　　　② やすく　　　③ 作り方を　　　④ わかり

일본 문화 탐방

▶ 오사카 '만박기념공원'과 '태양의 탑', 생명의 활력이 느껴지는 곳

'오사카!' 하면 어떤 곳이 떠오르나요? 오사카성? 도톤보리? USJ? 흠…. 정말 가볼 만한 곳이 많죠? 그러면 일본의 유명한 '탑'이라 하면? 도쿄 타워? 도쿄 스카이트리? 네, 정말 대단한 탑들입니다. 그런데 여기서 소개하고자 하는 것은 오사카의 숨겨진 명소, '만박기념공원(万博記念公園)'과 공원 내에 있는 '태양의 탑(太陽の塔)'입니다.

오사카 시내에서 지하철을 타고 가다 모노레일로 환승하여, 북쪽으로 조금 더 올라가면 '태양의 탑'이 맞이하는 '만박기념공원'에 도착합니다. 이곳은 1970년 일본에서 최초로 열린 국제 박람회인 '일본 만국 박람회'(이하, 일본만박)의 철거지를 공원으로 정비한 곳입니다. 일본만박은 고도성장기 일본을 상징하는, 당시로써는 최대 규모의 국제 박람회로 유명합니다. 현재 공원 내에는 일본 정원, 박물관, 민예관, 온천, 놀이 시설 등이 갖추어져 있어 다양한 측면에서의 접근이 가능합니다. 예전에는 테마파크도 있었지만 2009년에 폐원, 2015년에 여러 가지 놀이 시설이 융합된 EXPOCITY로 다시 태어났습니다. EXPOCITY에는 아쿠아리움, 일본에서 가장 높은 관람차(123m), 그 외 다양한 놀이 시설과 대규모 쇼핑몰이 있어 지역 주민들과 관광객들로 연일 북적거립니다.

'만박기념공원'에서 무엇보다 큰 볼거리는 바로 '태양의 탑'입니다. 일본만박의 상징으로, 일본 예술계의 거장 오카모토 타로(岡本太郎/1911-1996)가 제작한 70m 높이의 건조물입니다. 크게 펼친 양팔과 미래를 나타낸다는 '황금의 얼굴'이 특징적인 '태양의 탑'은, 오카모토 타로의 명언 "예술은 폭발이다"라는 말 그대로 폭발적인 에너지를 내뿜고 있는 것 같습니다. 멀리에서 봐도 가까이에서 봐도, 마치 후지산을 바라볼 때처럼 넘쳐나는 에너지에 압도당합니다. 다음 오사카 여행 때에는 '만박기념공원'에 가서 에너지를 새롭게 충전해 보는 것은 어떨까요?

✏️ 가타카나를 써 보자!

アプリ 앱	アプリ	
ソフト 소프트	ソフト	
ファイル 파일	ファイル	
データ 데이터	データ	
フォルダー 폴더	フォルダー	

✏️ 한자를 써 보자!

教科書 교과서	教科書		
問題集 문제집	問題集		
参考書 참고서	参考書		
辞典 사전	辞典		
資料 자료	資料		

テストが終わったら、遊びに行きましょう。

시험이 끝나면 놀러 갑시다.

point

ソン　はあ……。もし僕が先生だったら、テストなんかしないのになあ。

小川　どうしたんですか、急に。

ソン　今日のテストでミスをしてしまったんです。

小川　そうですか。でも、次はきっと大丈夫ですよ。
　　　自信を持ってください。

ソン　小川さんの声を聞いたら、何か元気が出てきました。
　　　明日のテスト、がんばります。

小川　じゃあ、テストが終わったら、一緒に遊びに行きましょう。

▶ 낱말과 표현

もし 만약 | テスト 시험 | 急に 갑자기 | ミス 실수 | 次 다음 | きっと 분명히, 꼭 | 大丈夫だ 괜찮다 |
自信を持つ 자신감을 가지다 | 声 목소리 | 何か 왠지, 뭔가 | 元気が出る 힘이 나다 | 頑張る 열심히 하다 |
終わる 끝나다

01 ～たら ～면 (가정조건)

>> 【た형】＋ら

する 하다 → したら 하면

かわいい 귀엽다 → かわいかったら 귀여우면

親切だ<ruby>親切<rt>しんせつ</rt></ruby> 친절하다 → 親切だったら<ruby>親切<rt>しんせつ</rt></ruby> 친절하면

先生<ruby>先生<rt>せんせい</rt></ruby> 선생님 → 先生だったら<ruby>先生<rt>せんせい</rt></ruby> 선생님이라면

| 예문 |

❶ もし宝くじに当たったら、貯金します。
만약 복권에 당첨된다면 저금하겠습니다.

❷ もしタイムマシンがあったら、未来に行ってみたいです。
만약 타임머신이 있다면 미래에 가 보고 싶습니다.

❸ もしあと10歳若かったら、何でも挑戦するんだけど。
만약 10살 더 젊었다면 뭐든지 도전할 텐데.

❹ もし私が鳥だったら、自由に空を飛びたい。
만약 내가 새라면 자유롭게 하늘을 날고 싶다.

Tip

'가정조건의 たら'는 もし(만약)와 같이 어울려 '가상'의 뜻으로 사용되는 경우가 많습니다. '～하면', '～다면', '～라면', '～았/었더라면' 등으로 해석됩니다.
'가상'의 뜻뿐만 아니라 '필연 조건'의 뜻으로도 사용되며, 이는 '～と'와 같은 용법입니다.
春になったら(≒なると)、暖かくなります。(Lesson 5 참조)
봄이 되면 따뜻해집니다.

또한, '성립 조건'의 뜻으로도 사용되며, 이는 '～ば'와 같은 용법입니다.
お金があったら(≒あれば)、買います。(Lesson 9 참조)
돈이 있으면 삽니다.

▶ **낱말과 표현**

宝くじに当たる 복권에 당첨되다 | 貯金 저금 | タイムマシン 타임머신 | 未来 미래 | あと 더~ | ～歳 ~세 | 若い 젊다 | 何でも 뭐든지 | 挑戦 도전 | 鳥 새 | 空 하늘 | 自由に 자유롭게 | 飛ぶ 날다

02　　**～たら** ～하면 (확정조건)

❶ 空港に着いたら、連絡しますね。 공항에 도착하면 연락할게요.

❷ お客さんが来たら、呼んでください。 손님이 오면 불러 주세요.

❸ 家に帰ったら、テレビを見ます。 집에 가면 TV를 볼 겁니다.

❹ 結果が出たら、知らせてね。 결과가 나오면 알려 줘.

Tip

'확정조건의 たら'는 미래에 예정되어 있는 일에 대해 말할 때 사용하며, 앞의 내용이 완료된 후에 뒤의 내용이 이어짐을 뜻합니다.

03　　**～たら** ～하니(까), ～했더니 (발견, 계기)

❶ 教室に入ったら、誰もいませんでした。

　　교실에 들어갔더니 아무도 없었습니다.

❷ 薬を飲んだら、よくなりました。

　　약을 먹었더니 좋아졌습니다.

❸ 時計を見たら、もう12時だった。

　　시계를 보니 벌써 12시였다.

❹ 久しぶりに母に会ったら、涙が出てきた。

　　오랜만에 어머니를 만났더니 눈물이 나왔다.

Tip

'발견/계기의 たら'는 앞의 내용이 이루어졌을 때 어떤 사실을 알게 된 경우, 혹은 앞의 내용을 계기로 어떤 일이 일어나거나 변화가 생겼을 경우에 사용됩니다. '～하니(까)', '～해보니(까)', '～하고 나니(까)', '～했더니' 등으로 해석됩니다.
또한 '～と'에도 같은 용법이 있습니다.

目を覚ますと(≒覚ましたら)、そこは知らない部屋だった。
눈을 떠보니 그곳은 모르는 방이었다. (Lesson 5 참조)

▶ **낱말과 표현**

空港 공항 ┃ 着く 도착하다 ┃ 連絡する 연락하다 ┃ お客さん 손님 ┃ 呼ぶ 부르다 ┃ 結果が出る 결과가 나오다 ┃
知らせる 알리다 ┃ 教室 교실 ┃ 入る 들어가다 ┃ 薬を飲む 약을 먹다 ┃ もう 벌써, 이미 ┃ 久しぶりに 오랜만에 ┃
涙が出る 눈물이 나다 ┃ 目を覚ます 잠을 깨다, 눈을 뜨다

04 　～てしまう　～해 버리다, ～하고 말다

❶ 妹を叱ったら、泣いてしまいました。

여동생을 혼냈더니 울어 버렸습니다.

❷ 昨日、道で転んでしまいました。

어제 길에서 넘어지고 말았습니다.

❸ りんごをむいていて、指を切ってしまいました。

사과를 깎다가 손가락을 베고 말았습니다.

❹ 急いでください。遅れてしまいますよ。

서두르세요. 늦어 버리겠어요.

Tip

'～てしまう'는 실수나 손해로 인한 아쉬움이나 뉘우침을 나타낼 때 자주 사용됩니다. 그 외에도 완료의 뜻으로 사용될 때도 있습니다.

先月買った本はもう全部読んでしまいました。 지난달에 산 책들은 이미 다 읽어 버렸습니다.

早く宿題をやってしまいましょう。 빨리 숙제를 해 버립시다.

또한, '～てしまう'를 '～ちゃう'로, '～でしまう'를 '～じゃう'로 줄여서 많이 사용합니다.

財布を無くしちゃいました。 지갑을 잃어버렸습니다.

今日はコーヒーを5杯も飲んじゃった。 오늘은 커피를 5잔이나 마셔 버렸다.

▶ **낱말과 표현**

叱る 혼내다 ｜ 泣く 울다 ｜ 道 길 ｜ 転ぶ 넘어지다 ｜ りんご 사과 ｜ 剥く 깎다 ｜ 指を切る 손가락을 베다 ｜
急ぐ 서두르다 ｜ 遅れる 늦다 ｜ 先月 지난달 ｜ 全部 전부, 모두 ｜ 早く 빨리 ｜ 宿題 숙제 ｜ やる 하다 ｜ 財布 지갑 ｜
無くす 잃다 ｜ ～杯 ～잔

▶ 아래 예와 같이 문장을 완성해 봅시다.

예)

先生 減らす

もし私が<u>先生</u>だったら、テストを<u>減らし</u>たいです。

만약 제가 선생님이라면 시험을 줄이고 싶습니다.

❶ もらう
行く

もし100万円を＿＿＿＿＿＿＿＿＿＿＿、

世界旅行に＿＿＿＿＿＿＿たいです。

❷ 大統領
入れる

もし私が＿＿＿＿＿＿＿＿＿＿＿、

経済に力を＿＿＿＿＿＿＿たいです。

❸ 行ける
ジャンプする

もし月に＿＿＿＿＿＿＿＿＿＿＿、

思いっきり＿＿＿＿＿＿＿たいです。

❹ 戻れる
言う

もし子供時代に＿＿＿＿＿＿＿＿＿＿＿、

好きだった子に好きだと＿＿＿＿＿＿＿たいです。

▶ 낱말과 표현

減らす 줄이다 | もらう 받다 | 世界旅行 세계 여행 | 大統領 대통령 | 経済 경제 | 力を入れる 힘을 쓰다 |
ジャンプする 점프하다 | 月 달 | 思いっきり 마음껏 | 子供時代 어린 시절 | 戻る 돌아가다 | 言う 말하다

▶ 아래 예와 같이 문장을 완성해 봅시다.

예)

寝<small>ね</small>る

<u>寝<small>ね</small>たら</u>、疲<small>つか</small>れが取<small>と</small>れました。

잤더니 피로가 풀렸습니다.

❶ 見<small>み</small>る

窓<small>まど</small>の外<small>そと</small>を＿＿＿＿＿＿＿、雪<small>ゆき</small>が降<small>ふ</small>っていました。

❷ 話<small>はな</small>す

彼女<small>かのじょ</small>に本当<small>ほんとう</small>のことを＿＿＿＿＿＿＿、気持<small>きも</small>ちがすっきりしました。

❸

遊<small>あそ</small>ぶ

たくさん＿＿＿＿＿＿＿、お腹<small>なか</small>が空<small>す</small>きました。

❹

降<small>お</small>りる

バスを＿＿＿＿＿＿＿、両親<small>りょうしん</small>が迎<small>むか</small>えに来<small>き</small>てくれていた。

▶ 낱말과 표현

疲<small>つか</small>れが取<small>と</small>れる 피로가 풀리다 | 窓<small>まど</small>の外<small>そと</small> 창밖 | 雪<small>ゆき</small>が降<small>ふ</small>る 눈이 내리다 | 本当<small>ほんとう</small>のこと 진실, 사실 |
気持<small>きも</small>ちがすっきりする 마음이 홀가분해지다 | お腹<small>なか</small>が空<small>す</small>く 배가 고프다 | 降<small>お</small>りる 내리다 | 迎<small>むか</small>えに来<small>く</small>る 데리러 오다

▶ 아래 예와 같이 문장을 완성해 봅시다.

예)

宿題を忘れてしまいました。
しゅくだい わす

숙제를 잊어버렸습니다.

忘れる
わす

❶

隣の人の足を＿＿＿＿＿＿＿＿＿しまいました。
となり ひと あし

踏む
ふ

❷

間違えて早く＿＿＿＿＿＿＿＿＿しまいました。
ま ちが はや

来る
く

❸

彼のうそを＿＿＿＿＿＿＿＿＿しまいました。
かれ

信じる
しん

❹

風邪を＿＿＿＿＿＿＿＿＿＿＿しまいました。
か ぜ

引く
ひ

───

▶ **낱말과 표현**

忘れる 잊다 ｜ 踏む 밟다 ｜ 隣 옆 ｜ 足 발 ｜ 間違える 잘못하다, 착각하다 ｜ 早く 빨리, 일찍 ｜ 信じる 믿다 ｜
わす   ふ   となり   あし   ま ちが   はや   しん
嘘 거짓말 ｜ 風邪を引く 감기에 걸리다
うそ   か ぜ ひ

▶ 주어진 질문에 예와 같이 대답해 봅시다.

① もしタイムマシンがあったら何^{なに}をしてみたいですか。

예) もしタイムマシンがあったら、未来^{みらい}の自分^{じぶん}に会^あってみたいです。

_____

② 将来^{しょうらい}の計画^{けいかく}を教^{おし}えてください。(卒業^{そつぎょう}したら, 就職^{しゅうしょく}したら, 結婚^{けっこん}したら, 引退^{いんたい}したら, 〇年生^{ねんせい}になったら, 〇〇歳^{さい}になったら 등)

예) 就職^{しゅうしょく}したら、一人暮^{ひとりぐ}らしを始^{はじ}めます。

_____

③ 最近^{さいきん}、どんな失敗^{しっぱい}をしましたか。

예) 授業^{じゅぎょう}に遅刻^{ちこく}してしまいました。

_____

▶ 낱말과 표현

自分^{じぶん} 자신 | **将来**^{しょうらい} 장래 | **計画**^{けいかく} 계획 | **卒業**^{そつぎょう} 졸업 | **就職**^{しゅうしょく} 취직 | **結婚**^{けっこん} 결혼 | **引退**^{いんたい} 은퇴 | **～年生**^{ねんせい} ～학년 |
一人暮らし^{ひとりぐ} 자취 생활 | **最近**^{さいきん} 최근, 요즘 | **失敗**^{しっぱい} 실수, 실패 | **遅刻する**^{ちこく} 지각하다

将来の夢

卒業したら、大学院に進んで、宇宙工学を研究するつもりです。宇宙工学を勉強して、NASAに就職したいです。

できたら30歳くらいまでに結婚したいです。結婚したら、たくさん子供がほしいです。

将来は独立して、火星移住計画の会社を設立したいです。会社を設立したら、死ぬまでには火星に行きたいです。もし火星に移住できるようになったら、家族みんなで移住したいと思います。

もし火星移住計画に失敗してしまったら、月移住計画に変更します。とにかく老後は月か火星に家を建てて、地球を眺めながら過ごしたいです。

私が月か火星に移住できたら、今度は子供たちが他の惑星に行ってくれると信じています。

▶ 낱말과 표현

大学院 대학원 | **進む** 나아가다 | **宇宙工学** 우주 공학 | **研究** 연구 | **子供** 아이 | **ほしい** 갖고 싶다 | **独立** 독립 |
火星 화성 | **移住** 이주 | **設立する** 설립하다 | **死ぬ** 죽다 | **失敗する** 실패하다 | **月** 달 | **変更する** 변경하다 |
とにかく 아무튼, 어쨌든 | **老後** 노후 | **建てる** 짓다 | **地球** 지구 | **眺める** 바라보다 | **過ごす** 지내다, 보내다 |
他の 다른 | **惑星** 행성

▶ [읽기 연습]을 참고하여 장래 희망이나 계획에 대해 써 봅시다.

問題1 (　　　)に なにを いれますか。①・②・③・④から いちばん いい ものを ひとつ えらんで ください。

[1] 今日も また ちこくして (　　　)。

① あけた　　　　② あいた　　　　③ しめた　　　　④ しまった

[2] 駅に (　　　) 電話して ください。

① つくと　　　　② つけば　　　　③ ついたら　　　　④ つくなら

問題2 つぎの ことばの つかいかたで いちばん いい ものを ①・②・③・④から ひとつ えらんで ください。

[3] もし

① つぎは もし かちます。

② もし 雨が 降るかも 知れません。

③ もし よかったら 遊びに 来て ください。

④ この 本は もし おもしろいと 思います。

[4] しっぱい

① 今日の 試合は 3 対 0で しっぱいしました。

② 反則ばかり する 人は 選手 しっぱいです。

③ 今日は 試合で しっぱいを たくさん して しまいました。

④ 私が 応援して いる チームは 現在 しっぱいちゅうです。

問題3 ___★___ に はいる ものは どれですか。①・②・③・④から いちばん いい ものを
ひとつ えらんで ください。

5 きのう、学校で_____ ___★___ _____ _____。

① けいたいを　　② しまいました　③ さいふと　　　④ なくして

✏️ 가타카나를 써 보자!

タイムマシン 타임머신	タイムマシン	
ロボット 로봇	ロボット	
アンドロイド 안드로이드	アンドロイド	
ブラックホール 블랙홀	ブラックホール	
テレパシー 텔레파시	テレパシー	

✏️ 한자를 써 보자!

宇宙 우주	宇宙		
地球 지구	地球		
天体 천체	天体		
惑星 행성	惑星		
太陽 태양	太陽		

私が開けておきました。

제가 열어 두었습니다.

point

Track 4-03-01

藤田　あ、窓が開いていますね。

柳　　すみません、私が開けておきました。
　　　ちょっと変なにおいがして。

藤田　そうですか。じゃあ、もう少し開けておきましょうか。

柳　　いえ、もうにおいもしないので閉めてください。

藤田　はい。あれ？うまく閉まりませんね。

柳　　変ですね。昨日、直しておいたんですけど。

▶ **낱말과 표현**

窓 창문 | 開く 열리다 | 開ける 열다 | 変だ 이상하다 | におい 냄새 | もう少し 좀 더, 잠시 더 | 閉める 닫다 |
うまく 잘, 제대로 | 閉まる 닫히다 | 直す 고치다

학습 포인트 ·· Grammar

01 ～ておく ~해 놓다/두다

❶ 今晩行くお店は、もう予約しておきました。

오늘 저녁에 갈 가게는 이미 예약해 놓았습니다.

❷ その話は、私が先輩に伝えておきます。

그 이야기는 제가 선배에게 전달해 놓겠습니다.

❸ 来週の予定を頭に入れておいてください。

다음 주의 예정을 머리에 넣어 두세요.

❹ 船に乗る前に、酔い止めを飲んでおくこと。

배를 타기 전에 멀미약을 먹어 둘 것.

> **Tip**
>
> 회화체에서는 '～とく'로 줄여서 사용될 때가 많습니다.
>
> する→しておく→しとく→ しときます
>
> よむ→よんでおく→よんどく →よんどきます

▶ **낱말과 표현**

今晩 오늘 저녁 | **予約** 예약 | **先輩** 선배 | **伝える** 전하다, 전달하다 | **予定** 예정 | **頭** 머리 | **船** 배 | **酔い止め** 멀미약 |
～こと ~할 것(문장 끝)

02 자동사/타동사

자동사	타동사	자동사	타동사
ドアが開く 문이 열리다	ドアを開ける 문을 열다	窓が閉まる 창문이 닫히다	窓を閉める 창문을 닫다
テレビがつく TV가 켜지다	テレビをつける TV를 켜다	電気が消える 불이 꺼지다	電気を消す 불을 끄다
パソコンが直る PC가 고쳐지다	パソコンを直す PC를 고치다	スマホが壊れる 스마트폰이 부서지다	スマホを壊す 스마트폰을 부수다
お金が入る 돈이 들어오다	お金を入れる 돈을 넣다	人が集まる 사람이 모이다	人を集める 사람을 모으다
授業が始まる 수업이 시작되다	授業を始める 수업을 시작하다	形が変わる 모양이 바뀌다	形を変える 모양을 바꾸다

> **Tip**
>
> 한국어와 마찬가지로 일본어에도 자동사/타동사의 구별이 있습니다. 기본적으로 조사 'が'가 앞에 붙으면 자동사, 'を'가 붙으면 타동사입니다. 자동사와 타동사의 형태가 비슷한 것이 많아 처음에는 헷갈릴 수 있지만 연습을 거듭하다 보면 어느새 익숙해질 것입니다.

| 예문 |

❶ ちょっと暗いですね。カーテンを開けてください。

　　조금 어둡네요. 커튼을 열어 주세요.

❷ 誰もいませんが、部屋の電気がついています。

　　아무도 없지만 방의 불이 켜져 있습니다.

❸ 早く行きましょう。そろそろコンサートが始まりますよ。

　　빨리 갑시다! 이제 곧 콘서트가 시작돼요.

❹ 工学部の友達がスピーカーを直してくれました。

　　공대 친구가 스피커를 고쳐 줬습니다.

▶ **낱말과 표현**

ドア 도어, 문 | 電気 전등, 불 | スマホ 스마트폰 | 暗い 어둡다 | カーテン 커튼 | そろそろ 이제 곧, 슬슬 |

コンサート 콘서트 | 工学部 공학부, 공대 | スピーカー 스피커

❺ すみませんが、気_きが変_かわりました。ホットにします。

죄송하지만 생각이 바뀌었습니다. 따뜻한 걸로 할게요.

❻ 大事_{だいじ}な物_{もの}は金庫_{きんこ}に入_いれてください。

소중한 물품은 금고에 넣어 주세요.

03   ～がする ～이/가 나다/들다

❶ カレーのいいにおいがしますね。

카레의 좋은 냄새가 나네요.

❷ 隣_{となり}の部屋_{へや}から大_{おお}きな音_{おと}がしました。

옆 방에서 큰 소리가 났습니다.

❸ どんな味_{あじ}がするんでしょうか。食_たべてみたいです。

어떤 맛이 날까요? 먹어 보고 싶습니다.

❹ ちょっと悪_{わる}い予感_{よかん}がします。落_おちるかもしれません。

조금 나쁜 예감이 듭니다. 떨어질지도 모르겠습니다.

▶ 낱말과 표현

気_きが変_かわる 생각(기분/마음)이 바뀌다 | ホット 핫, 따뜻한 것(음료) | 大事_{だいじ}だ 소중하다 | 金庫_{きんこ} 금고 | カレー 카레 |
隣_{となり} 옆, 이웃 | 大_{おお}きな 큰 | 音_{おと} 소리 | 味_{あじ} 맛 | 悪_{わる}い 나쁘다 | 予感_{よかん} 예감 | 落_おちる 떨어지다

❺ すみませんが、気が変わりました。ホットにします。

죄송하지만 생각이 바뀌었습니다. 따뜻한 걸로 할게요.

❻ 大事な物は金庫に入れてください。

소중한 물품은 금고에 넣어 주세요.

03   ～がする ～이/가 나다/들다

❶ カレーのいいにおいがしますね。

카레의 좋은 냄새가 나네요.

❷ 隣の部屋から大きな音がしました。

옆 방에서 큰 소리가 났습니다.

❸ どんな味がするんでしょうか。食べてみたいです。

어떤 맛이 날까요? 먹어 보고 싶습니다.

❹ ちょっと悪い予感がします。落ちるかもしれません。

조금 나쁜 예감이 듭니다. 떨어질지도 모르겠습니다.

▶ 낱말과 표현

気が変わる 생각(기분/마음)이 바뀌다 | ホット 핫, 따뜻한 것(음료) | 大事だ 소중하다 | 金庫 금고 | カレー 카레 |
隣 옆, 이웃 | 大きな 큰 | 音 소리 | 味 맛 | 悪い 나쁘다 | 予感 예감 | 落ちる 떨어지다

▶ 아래 예와 같이 문장을 완성해 봅시다.

예)

来週試験があるので、勉強しておきます。
<ruby>来週<rt>らいしゅう</rt></ruby><ruby>試験<rt>しけん</rt></ruby>があるので、<ruby>勉強<rt>べんきょう</rt></ruby>しておきます。

다음 주에 시험이 있기 때문에 공부해 두겠습니다.

❶

冷たい方がおいしいので、
<ruby>冷<rt>つめ</rt></ruby>たい<ruby>方<rt>ほう</rt></ruby>がおいしいので、

冷蔵庫に＿＿＿＿＿＿＿＿＿＿＿＿＿＿＿＿＿＿。
<ruby>冷蔵庫<rt>れいぞうこ</rt></ruby>に

❷

明日は大事な面接なので、
<ruby>明日<rt>あした</rt></ruby>は<ruby>大事<rt>だいじ</rt></ruby>な<ruby>面接<rt>めんせつ</rt></ruby>なので、

十分＿＿＿＿＿＿＿＿＿＿＿＿＿＿＿＿＿＿＿。
<ruby>十分<rt>じゅうぶん</rt></ruby>

❸

旅行に行く前に、その国の言葉を
<ruby>旅行<rt>りょこう</rt></ruby>に<ruby>行<rt>い</rt></ruby>く<ruby>前<rt>まえ</rt></ruby>に、その<ruby>国<rt>くに</rt></ruby>の<ruby>言葉<rt>ことば</rt></ruby>を

＿＿＿＿＿＿＿＿＿＿＿＿＿＿＿＿＿＿＿＿＿。

❹

お客さんが来るので、
お<ruby>客<rt>きゃく</rt></ruby>さんが<ruby>来<rt>く</rt></ruby>るので、

＿＿＿＿＿＿＿＿＿＿＿＿＿＿＿＿＿＿＿＿＿。

▶ 낱말과 표현

<ruby>冷<rt>つめ</rt></ruby>たい 차갑다 | <ruby>冷蔵庫<rt>れいぞうこ</rt></ruby> 냉장고 | <ruby>入<rt>い</rt></ruby>れる 넣다 | <ruby>面接<rt>めんせつ</rt></ruby> 면접 | <ruby>十分<rt>じゅうぶん</rt></ruby> 충분히 | <ruby>寝<rt>ね</rt></ruby>る 자다 | <ruby>旅行<rt>りょこう</rt></ruby> 여행 | <ruby>国<rt>くに</rt></ruby> 나라 |
<ruby>言葉<rt>ことば</rt></ruby> 말, 언어 | <ruby>学<rt>まな</rt></ruby>ぶ (스스로) 배우다 | お<ruby>客<rt>きゃく</rt></ruby>さん 손님 | <ruby>掃除<rt>そうじ</rt></ruby>する 청소하다

42

▶ 아래 예와 같이 문장을 완성해 봅시다.

예)

開_あく/開_あける

→ ドアを開_あけてください。 문을 열어 주세요.

❶

閉_しまる/閉_しめる

→ 窓_{まど}が＿＿＿＿＿＿＿＿＿＿＿います。

❷

つく/つける

→ クーラーを＿＿＿＿＿＿＿＿＿＿＿ください。

❸

消_きえる/消_けす

→ 電気_{でん き}が＿＿＿＿＿＿＿＿＿＿＿います。

❹

始_{はじ}まる/始_{はじ}める

→ 試験_{し けん}を＿＿＿＿＿＿＿＿＿＿＿ください。

❺

入_{はい}る/入_いれる

→ お菓子_{か し}がたくさん＿＿＿＿＿＿＿＿＿＿＿います。

▶ 낱말과 표현

クーラー 에어컨, 냉방기 | お菓子_{か し} 과자 | たくさん 많이

▶ 아래 예와 같이 문장을 완성해 봅시다.

예)

コーヒーのいい<ruby>香<rt>かお</rt></ruby>りがしますね。

커피의 좋은 향기가 나네요.

❶ ちょっと<ruby>熱<rt>ねつ</rt></ruby>があるみたいです。<ruby>少<rt>すこ</rt></ruby>し＿＿＿＿＿＿＿＿がします。

❷ <ruby>交通事故<rt>こうつうじ こ</rt></ruby>でしょうか。すごい＿＿＿＿＿＿＿＿がしましたよ。

❸ <ruby>朝<rt>あさ</rt></ruby>から＿＿＿＿＿＿＿＿がして、<ruby>何<rt>なに</rt></ruby>も<ruby>食<rt>た</rt></ruby>べられません。

❹ <ruby>変<rt>へん</rt></ruby>な＿＿＿＿＿＿＿＿がしますね。このサラダ<ruby>大丈夫<rt>だいじょう ぶ</rt></ruby>ですか。

❺ <ruby>今日<rt>きょう</rt></ruby>は、<ruby>何<rt>なに</rt></ruby>かいいことがありそうな＿＿＿＿＿＿＿＿がします。

<ruby>気<rt>き</rt></ruby>　（<ruby>香<rt>かお</rt></ruby>り）　<ruby>音<rt>おと</rt></ruby>　<ruby>寒気<rt>さむ け</rt></ruby>　<ruby>味<rt>あじ</rt></ruby>　<ruby>吐<rt>は</rt></ruby>き<ruby>気<rt>け</rt></ruby>

▶ **낱말과 표현**

<ruby>香<rt>かお</rt></ruby>り 향기 | <ruby>熱<rt>ねつ</rt></ruby> 열 | <ruby>交通事故<rt>こうつうじ こ</rt></ruby> 교통사고 | **すごい** 굉장하다, 심하다 | **サラダ** 샐러드 | <ruby>大丈夫<rt>だいじょう ぶ</rt></ruby>だ 괜찮다 |
<ruby>気<rt>き</rt></ruby>がする 기분(생각, 느낌)이 들다 | <ruby>寒気<rt>さむ け</rt></ruby> 오한 | <ruby>吐<rt>は</rt></ruby>き<ruby>気<rt>け</rt></ruby> 구역질

▶ 주어진 질문에 예와 같이 대답해 봅시다.

① 海外旅行に行く前に、どんな準備をしておきますか。

예) パスポートを作っておきます。

_____

② 明日、大事な面接があります。何をしておきますか。

예) 笑顔の練習をしておきます。

_____

③ 寒気がする時 / 吐き気がする時、どうしますか。

예) 寒気がする時は、家に帰って寝ます。

_____

④ 今、周りでどんな音がしますか。

예) 先生の声がします。/ 何の音もしません。

_____

▶ 낱말과 표현

海外 해외 | **準備** 준비 | **パスポート** 여권 | **作る** 만들다 | **笑顔** 웃는 얼굴, 미소 | **練習** 연습 | **周り** 주위 | **声** 목소리

 **Track 4-03-02**

母からのメモ

家に帰ったら、母からのメモがありました。読む前に少し嫌な予感がしました。

「お誕生日おめでとう！今晩、パーティーをするよ！お客さんもたくさん来るから、私が帰る前に準備をしておくこと。

1. 部屋を掃除しておくこと(特にトイレはきれいにしておくこと)。

2. 倉庫にあるジュースやビールを全部冷蔵庫に入れておくこと。

3. 料理に使う牛肉を冷凍庫から出しておくこと。

4. お米を洗っておくこと(10合！)。

5. 押入れからテーブルを出して、リビングの真ん中に置いておくこと。

以上！本当は私が準備しておこうと思ったんだけど、急な用事ができて……ごめんね。でも自分のパーティーなんだからいいでしょ？

じゃあ、お願いね♡」

嫌な予感は当たりました。自分の誕生日パーティーなのにこんなに仕事をしないといけないなんて！でも、結局ちゃんと準備しましたよ。

▶ **낱말과 표현**

メモ 메모 │ 少し 조금 │ 嫌だ 싫다, 불길하다 │ パーティー 파티, 잔치 │ 特に 특히 │ トイレ 화장실 │ 倉庫 창고 │
ジュース 주스 │ 全部 전부, 모두 다 │ 使う 쓰다, 사용하다 │ 牛肉 쇠고기 │ 冷凍庫 냉동고, 냉동실 │ 出す 꺼내다 │
(お)米 쌀 │ 洗う 씻다 │ ~合 ~홉 │ 押入れ 일본식 붙박이장 │ テーブル 테이블, 탁자 │ リビング 리빙룸, 거실 │
真ん中 한가운데, 중앙 │ 置く 놓다, 두다 │ 以上 이상 │ 用事 볼일 │ 自分 자기, 자신 │ 当たる 맞다, 적중하다 │
結局 결국 │ ちゃんと 확실히, 제대로

▶ [읽기 연습]을 참고하여 집에 돌아가기 전에 가족들이 해 두었으면 좋을 것 같은 일에 대해 써 봅시다.

問題1 (　　　)に なにを いれますか。①・②・③・④から いちばん いい ものを ひとつ えらんで ください。

1 昨日、習った ところを 復習（　　　）おきました。

　　① する　　　　　② すれ　　　　　③ した　　　　　④ して

2 この ラジオ、（　　　）いますよ。音が ぜんぜん 聞こえません。

　　① こわして　　　② こわって　　　③ こわれて　　　④ こわれって

問題2 つぎの ことばの つかいかたで いちばん いい ものを ①・②・③・④から ひとつ えらんで ください。

3 気

　　① 花の いい 気が します。

　　② 朝から 何だか 気が します。

　　③ いつもと 雰囲気が ちがう 気が します。

　　④ 隣の 部屋から 大きな 気が しました。

問題3 _____ の ぶんと だいたい おなじ いみの ぶんが あります。①・②・③・④から いちばん いい ものを ひとつ えらんで ください。

4　窓(まど)が しめて あります。

① 窓(まど)が あいて います。　　② 窓(まど)が しまって います。

③ 窓(まど)が しめって います。　　④ 窓(まど)が はまって います。

問題4 ___★___ に はいる ものは どれですか。①・②・③・④から いちばん いい ものを ひとつ えらんで ください。

5　キッチンの ほうから _____ ___★___ _____ _____。

① して　　　　② においが　　　③ いい　　　④ きました

✏️ 가타카나를 써 보자!

リビング 거실	リビング	
ダイニング 다이닝룸	ダイニング	
キッチン 부엌	キッチン	
トイレ 화장실	トイレ	
ベランダ 베란다	ベランダ	

✏️ 한자를 써 보자!

へ や 部屋 방	部屋		
まど 窓 창문	窓		
でん き 電気 전기, 전등	電気		
れい ぞう こ 冷蔵庫 냉장고	冷蔵庫		
そう じ き 掃除機 청소기	掃除機		

試験勉強をしようと思います。
^{し けん べん きょう}
^{おも}

시험 공부를 하려고 생각합니다.

point

 **Track 4-04-01**

後藤 ホン君、明日何か予定ある？

洪 あ、先輩。明日は試験勉強をしようと思います。

後藤 じゃあ、一緒にしよう。私も来週試験だから。

洪 いいですね。お互いわからないところがあったら聞けますしね。

後藤 うん、そうだね。何時にする？

洪 僕は朝から勉強するつもりですけど。

後藤 じゃあ、9時に駅前で会って、近くのカフェに行こう。

▶ **낱말과 표현**

予定 예정 | 先輩 선배 | 思う 생각하다 | お互い 서로 | 聞く 묻다 | ～し ～하고(이유 열거) | つもり 작정, 생각 |
駅前 역 앞 | 近く 근처, 가까이 | カフェ 카페

01 동사 의지형 활용

3그룹 동사	する → しよう, くる → こよう
2그룹 동사	る를 떼고 よう를 붙인다. みる → みよう, たべる → たべよう
1그룹 동사	어미(u단)를 o단으로 바꾸고 う를 붙인다. いく → いこう, のむ → のもう, つくる → つくろう

Tip

'의지형'을 '의향형'이라고도 부릅니다.

| 확인하기 |

기본형	뜻	그룹	의지형	기본형	뜻	그룹	의지형
勉強する	공부하다	3		泳ぐ	수영하다	1	
休む	쉬다	1		着る	입다	2	
走る	달리다	1		来る	오다	3	
教える	가르치다	2		話す	이야기하다	1	
買う	사다	1		遊ぶ	놀다	1	

| 예문 |

❶ 一緒にごはん食べに行こう。 같이 밥 먹으러 가자.

❷ 今度の試合、絶対勝とう。 이번 시합, 반드시 이기자.

❸ 今日は寿司食べようか。 오늘은 초밥 먹을까?

❹ 12時か。そろそろ寝ようかな。 12시네. 슬슬 잘까.

❺ あれ、部屋のかぎがない。どうしよう。
어라? 방 열쇠가 없어. 어떡하지?

Tip

상대방에게 말할 때는 예문 ①②처럼 권유 표현이 될 경우도 있고, ③처럼 'か'를 붙이고 의향을 묻는 표현이 될 경우도 있습니다. 또한, 예문 ④처럼 독백을 할 때는 'かな'를 붙이는 경우도 있습니다. 이 경우 '의지형만' → '의지형+か' → '의지형+かな' 순서로 결심의 정도가 약해지며, '~하자'보다 '~할까'로 해석하는 것이 더 자연스럽습니다. 한편 예문 ⑤처럼 의문사와 같이 사용될 때는 '~하지?'라고 해석되기도 합니다.

▶ **낱말과 표현**

今度 이번(에) | **試合** 시합, 경기 | **絶対** 반드시 | **勝つ** 이기다 | **そろそろ** 슬슬 | **鍵** 열쇠 | **どうする** 어떡하다

02 　〜と思う 〜하려고 (생각)하다

>> 【의지형】＋と思う

| 예문 |

❶ 明日は家でゆっくりしようと思う。

내일은 집에서 느긋하게 보내려고 한다.

❷ 次はもっと頑張ろうと思います。

다음에는 더 분발하려고 합니다.

❸ 今の仕事をずっと続けようとは思いません。

지금 하고 있는 일을 쭉 계속하려고는 생각하지 않습니다.

❹ 卒業したら、海外の大学に留学しようと思っています。

졸업하면 해외 대학에 유학하려고 생각하고 있습니다.

Tip

지속적으로 가지고 있는 의지를 나타낼 경우에는 '〜と思っている'를 사용합니다.

▶ **낱말과 표현**

ゆっくりする 느긋하게 보내다 | 次 다음(에) | もっと 더 | 頑張る 분발하다 | ずっと 쭉 | 続ける 계속하다 |
卒業する 졸업하다 | 海外 해외 | 留学する 유학하다

03 ～つもり ~할 생각

» 【동사 기본형】＋つもり

| 예문 |

❶ 週末は桜を見に行くつもりだ。
주말에는 벚꽃을 보러 갈 생각이다.

❷ 日本の会社に就職するつもりです。
일본 회사에 취직할 생각입니다.

❸ 彼女と別れるつもりはありません。
그녀와 헤어질 생각은 없습니다.

❹ 今日から本当にタバコをやめるつもりです。
오늘부터 진짜로 담배를 끊을 생각입니다.

Tip

【의지형】と思う'와 비슷한 표현이지만 '～つもり'가 더 확고한 의지를 나타낼 수 있고, 제삼자의 의지를 나타낼 때도 자연스럽게 사용할 수 있습니다.

○ 村井さんは今日病院に行くつもりだ。무라이 씨는 오늘 병원에 갈 생각이다.

△ 村井さんは今日病院に行こうと思う。무라이 씨는 오늘 병원에 가려고 생각한다.

▶ **낱말과 표현**

就職する 취직하다 | **別れる** 헤어지다 | **本当に** 정말로, 진짜로 | **やめる** 그만두다, 끊다

▶ 아래 예와 같이 문장을 완성해 봅시다.

예)

早^{はや}く___行^いこう___。 _{빨리 가자.}

❶ 今日^{きょう}は、外^{そと}で_____。

❷ そろそろ_____。

❸ 疲^{つか}れたね。ちょっと_____か。

❹ あの店^{みせ}に_____か。

▶ 낱말과 표현

早^{はや}く 빨리 | 外^{そと} 밖 | 食^たべる 먹다 | 帰^{かえ}る 돌아가다 | 疲^{つか}れた 피곤하다 | 休^{やす}む 쉬다 | 店^{みせ} 가게 | 入^{はい}る 들어가다

▶ 아래 예와 같이 문장을 완성해 봅시다.

예)

| タバコ
やめる | 体に悪いから、<u>タバコをやめようと思います。</u>
<u>タバコをやめるつもりです。</u> |

몸에 해로우니까 담배를 끊으려고 합니다/담배를 끊을 생각입니다.

❶ 田舎
帰る

卒業したら、＿＿＿＿＿＿＿＿＿＿＿＿。

＿＿＿＿＿＿＿＿＿＿＿＿。

❷ アルバイト
やめる

忙しくなったので、＿＿＿＿＿＿＿。

＿＿＿＿＿＿＿。

❸ JLPT
受ける

来年、＿＿＿＿＿＿＿＿＿＿。

＿＿＿＿＿＿＿＿＿＿。

❹ 彼女
結婚する

お金が貯まったら、＿＿＿＿＿＿。

＿＿＿＿＿＿。

▶ 낱말과 표현

体に悪い 몸에 해롭다 | 田舎 시골, 고향 | 忙しい 바쁘다 | 受ける (시험을) 치다 | お金が貯まる 돈이 모이다

▶ 주어진 질문에 예와 같이 대답해 봅시다.

① 今度の週末は何をしますか。(의지형 또는 つもり를 사용할 것)

예) 一日中寝るつもりです。

_____

② 夏休み/冬休みはどう過ごしますか。(의지형 또는 つもり를 사용할 것)

예) 海外旅行に行こうと思っています。

_____

③ 卒業したら、どうしますか。(의지형 또는 つもり를 사용할 것)

예) 大学院に行くつもりです。

_____

▶ 낱말과 표현

一日中 하루종일 | 夏/冬休み 여름/겨울 방학 | 過ごす 지내다 | 海外旅行 해외여행 | 大学院 대학원

卒業後の計画

私は来年3月に大学を卒業する予定です。今は卒業論文を一生懸命書いています。卒業したら、まず実家に帰って少し休もうと思います。2年間実家に帰っていないので、食べたい物もたくさんあるし、やりたいこともあります。1ヶ月くらいゆっくりした後で、大学院に入る準備をしようと思います。まだ決めていませんが、アメリカの大学院に願書を出すつもりです。

大学では心理学を専攻していて、今論文を書いていますが、アメリカの大学院でも心理学を専攻するつもりです。論文を書くのはとても大変ですが、書きながら「もっと勉強しよう」と思うようになりました。日本の大学院も考えましたが、やはり心理学の本場はアメリカです。また、アメリカで勉強するのが私の幼い頃からの夢でした。

しかし、論文も完成していませんし、大学院の試験にも受かるかどうかわかりません。まだ先のことですが、夢が実現するように、頑張ろうと思います。

▶ **낱말과 표현**

論文 논문 | **一生懸命** 열심히 | **まず** 우선, 먼저 | **実家** 고향 집 | **決める** 결정하다 | **アメリカ** 미국 | **願書** 원서 |
出す 내다 | **心理学** 심리학 | **専攻** 전공 | **もっと** 더 | **考える** (능동적으로 머리를 굴려)생각하다 | **やはり** 역시, 아무래도 |
本場 본고장 | **幼い頃** 어릴 적 | **夢** 꿈 | **受かる** 합격하다, 붙다 | **完成する** 완성되다 |
試験に受かる 시험에 붙다 | **まだ** 아직 | **先** 앞날, 나중 | **実現する** 실현되다, 이루어지다

▶ [읽기 연습]을 참고하여 자신이 꿈꾸는 미래의 계획에 대해 써 봅시다.

問題1 (　　　)に なにを いれますか。①・②・③・④から いちばん いい ものを ひとつ
えらんで ください。

1　来年、結婚する（けっこん）（　　　）です。

①ともり　　　　②とまり　　　　③つもり　　　　④つまり

2　今日の 夜は 肉を（にく）（　　　）。

①食べよう　　　②食べろう　　　③食べしよう　　　④食べりろう

問題2 つぎの ことばの つかいかたで いちばん いい ものを ①・②・③・④から ひとつ
えらんで ください。

3　やめる

①今日から タバコを やめます。

②まいにち 会社に やめて います。

③夜おそくまで おさけを やめました。

④どの 大学に やめるか まよって います。

問題3 ＿＿＿の ぶんと だいたい おなじ いみの ぶんが あります。①・②・③・④から いちばん いい ものを ひとつ えらんで ください。

4 夏休みは パン屋で アルバイトを する つもりです。

① 夏休みは パン屋で アルバイトを したいです。

② 夏休みは パン屋で アルバイトを しようと 思います。

③ 夏休みは パン屋で アルバイトを するかも しれません。

④ 夏休みは パン屋で アルバイトを する ことに なりました。

問題4 ＿★＿に はいる ものは どれですか。①・②・③・④から いちばん いい ものを ひとつ えらんで ください。

5 つぎの 休みには ＿＿＿＿ ＿＿＿＿ ＿★＿ ＿＿＿＿。

① かえろうと   ② ひさしぶりに   ③ 思います   ④ 日本へ

일본 문화 탐방

▶ 뜨거운 여름에 뜨거운 축제, 아오모리 '네부타 마쓰리'

일본은 축제가 많은 것으로 유명하지요. 전국 각지에서 일 년 내내 다양한 축제가 개최됩니다. 여기서는 그중 가장 뜨거운 축제로 꼽히는 아오모리(青森) '네부타 마쓰리(ねぶた祭)'를 소개하고자 합니다. '네부타 마쓰리'는 혼슈 북단의 도시 아오모리에서 매년 8월 초에 열리는 여름 축제이며, 이 기간에 일본 국내외에서 200만 명 이상의 관광객들이 몰려올 만큼 매우 큰 축제입니다.

대나무나 철사로 뼈대를 세우고 그 위에 종이를 붙여 완성하는 것이 '네부타'라고 불리는 거대한 인형입니다. 매년 여러 팀이 '네부타'를 만들고 전통 의상을 입은 '하네토(跳人)'들이 '네부타' 대열을 이루며 정해진 코스를 행진합니다. 대부분의 관광객들은 행진하는 것만을 구경하지만, 축제를 한층 더 즐기고 싶다면 스스로 '하네토'가 되어 보는 것도 좋을 것입니다.

지역 주민이 아니라도 나이와 국적도 불문하고, '하네토' 의상을 입고 방울을 손에 들기만 하면 누구나 '하네토'가 되어 열광하면서 "랏세라~ 랏세라~!" 하고 함성을 지르며 신나게 춤을 출 수 있습니다. 많은 사람들과 함께 행진하다 보면 모르는 사람들과도 친해질 수도 있고 축제에 참여한 사람들과의 일체감도 느낄 수 있습니다. '하네토' 의상은 시내 곳곳에서 대여받을 수 있으며, 추가 요금을 내면 입혀 주기도 하기 때문에 몸만 가면 바로 참여할 수 있습니다. 이제 구경만 하는 여행은 그만하고 '하네토'가 되어 일본 전통 축제를 몸과 마음으로 체험해 보는 것은 어떨까요?

매년 8월 초순에 도호쿠(東北) 지방에서 열리는 대규모 축제로는 '네부타 마쓰리' 외에도 센다이(仙台) '다나바타 마쓰리(七夕まつり)', 아키타(秋田) '간토 마쓰리(竿燈まつり)'가 유명합니다. 이 대규모 축제를 '도호쿠 3대 축제'라고 합니다. 도호쿠 지방의 8월 축제에 참가하여 뜨거운 여름을 보내는 것도 재미있을 것입니다.

펜맨십 ·································· Katakana&Kanji

✎ 가타카나를 써 보자!

アメリカ 미국	アメリカ	
カナダ 캐나다	カナダ	
イギリス 영국	イギリス	
ドイツ 독일	ドイツ	
ロシア 러시아	ロシア	

✎ 한자를 써 보자!

せんこう 専攻 전공	専攻		
たんい 単位 학점	単位		
そつぎょう 卒業 졸업	卒業		
しんろ 進路 진로	進路		
だいがくいん 大学院 대학원	大学院		

もう<ruby>少<rt>すこ</rt></ruby>し<ruby>行<rt>い</rt></ruby>くと、チゲ<ruby>料理<rt>りょう り</rt></ruby>の<ruby>お店<rt>みせ</rt></ruby>があります。

좀 더 가면 찌개 요리 가게가 있습니다.

point

01 〜になる/〜くなる 〜이/가 되다, 〜해지다

02 〜と 〜하면 (필연)

03 〜らしい 〜답다

Track 4-05-01

Tip

'따뜻하다'를 표현할 때, 회화체로는 'あったかい'를 사용하는 경우가 많습니다.

全 　だいぶあったかくなりましたね。

村上 　うん、春らしい天気だね。
　　　あ、このパスタ屋さん、すごい人。

全 　ここは人気のお店で、お昼時になると、いつもお客さんで一杯です。

村上 　へえ、いいねえ。
　　　でも、やっぱり今は韓国らしいものが食べたいなあ。

全 　もう少し行くと、チゲ料理のお店がありますよ。

村上 　うん、じゃあ、そこにしよう。

▶ **낱말과 표현**

だいぶ 제법 | あったかい 따뜻하다 | 春 봄 | パスタ 파스타 | ～屋(さん) ～점, ～가게 | すごい 굉장하다 |
人気 인기 | (お)昼時 점심때 | お客さん 손님 | 一杯 가득참 | チゲ料理 찌개 요리

66

01 **～になる/～くなる** ～이/가 되다, ～해지다

» 【명사 · な형용사 어간】+ になる

大人 → 大人になりました。 어른이 되었습니다.

便利だ → 便利になりました。 편리해졌습니다.

» 【い형용사 어간】+ くなる

おいしい → おいしくなりました。 맛있어졌습니다.

| 예문 |

❶ 朝ドラに出てから、有名になりました。

아침 드라마에 나오고 나서 유명해졌습니다.

❷ 天候の影響で、野菜が高くなりました。

날씨의 영향으로 채소가 비싸졌습니다.

❸ 父の跡を継いで、兄が社長になりました。

아버지의 뒤를 이어 형이 사장이 됐습니다.

❹ どうしたら勉強が面白くなるの？

어떻게 하면 공부가 재미있어져?

❺ 夢を叶えて幸せになりたいな。

꿈을 이루고 행복해지고 싶은데.

▶ **낱말과 표현**

朝ドラ 아침 드라마 | 天候 날씨 | 影響 영향 | 野菜 채소 | 跡を継ぐ 뒤를 잇다 | 夢を叶える 꿈을 이루다 |
幸せだ 행복하다

02 〜と ~하면(필연)

》 【보통체】＋と

Tip

'동사 기본형+と' 형태로 사용되는 경우가 많습니다. '〜と'는 앞의 내용이 성립되면 필연적으로 뒤의 내용이 됨을 나타내며, 길 안내, 자연 현상, 기계, 계산, 습관, 성질, 기분 등을 말할 때 사용됩니다. 이 기능은 '〜たら'에도 있습니다.

春になったら(≒なると)花が咲きます。봄이 되면 꽃이 핍니다.

| 예문 |

❶ 夏になると、湿度が高くなります。
여름이 되면 습도가 높아집니다.

❷ ボタンを押すと、お釣りが出ます。
버튼을 누르면 거스름돈이 나옵니다.

❸ まっすぐ行くと、公園があります。
곧장 가면 공원이 있습니다.

❹ 朝起きると、いつも水を飲みます。
아침에 일어나면 항상 물을 마십니다.

❺ お酒を飲むと、顔が赤くなります。
술을 마시면 얼굴이 빨개집니다.

❻ 呼び捨てにされると、腹が立ちます。
존칭 없이 불리면 짜증이 납니다.

▶ **낱말과 표현**

湿度 습도 | 押す 누르다 | お釣り 거스름돈 | まっすぐ 똑바로, 곧장 | いつも 항상, 언제나 | 顔 얼굴 | 赤い 빨갛다 |
呼び捨て 존칭을 붙이지 않고 이름을 부르는 것 | 腹が立つ 화가 나다, 짜증이 나다

03 ～らしい ~답다

» 【명사】＋らしい

Tip
'～らしい'는 용언의 보통체에 접속하여, 얻은 정보에 의거한 추측을 나타내는 경우도 있습니다. 이 경우, 전문의 '～そうだ'와 추측의 '～ようだ' 중간 정도의 뜻이 됩니다.
総務(そうむ)の田中(たなか)さん、新車(しんしゃ)買(か)ったらしいよ。총무부의 다나카 씨 말이야, 새 차 산 모양이야.

| 예문 |

❶ キムチチゲは韓国(かんこく)らしい食(た)べ物(もの)ですね。
김치찌개는 한국다운 음식이네요.

❷ だいぶ秋(あき)らしくなりましたね。
제법 가을다워졌네요.

❸ こたつがあって、日本(にほん)らしい部屋(へや)ですね。
고타쓰가 있어서 일본다운 방이네요.

❹ 今日(きょう)はどうしたの。君(きみ)らしくないね。
오늘은 왜 그래? 너답지 않아.

▶ **낱말과 표현**

秋(あき) 가을 | こたつ 고타쓰, 일본의 전통 난방 기구 | 君(きみ) 너

▶ 아래 예와 같이 문장을 완성해 봅시다.

예)

1 깨끗하다 新しい洗剤を使ったら、すごくきれいになりました。

새 세제를 사용했더니 굉장히 깨끗해졌습니다.

2 바쁘다 新学期が始まって、だんだん忙しくなりました。

새 학기가 시작돼서 점점 바빠졌습니다.

❶ 부자 投資に成功して、

_____ なりました。

❷ 맛있다 最近、コンビニの弁当が

結構_____ なりましたね。

❸ 좋아하다 いつも優しくしてくれる彼のことが

_____ なってしまいました。

❹ 아프다 賞味期限が切れた物を食べて、

お腹が_____ なっても知らないよ。

▶ **낱말과 표현**

新しい 새롭다 | **洗剤** 세제 | **新学期** 새 학기 | **だんだん** 점점 | **(お)金持ち** 부자 | **投資** 투자 | **成功** 성공 |
最近 최근 | **コンビニ** 편의점 | **結構** 꽤 | **優しくする** 상냥하게 대하다 | **痛い** 아프다 |
賞味期限が切れる 유통기한이 지나다

▶ 아래 예와 같이 문장을 완성해 봅시다.

예)

この<ruby>橋<rt>はし</rt></ruby>を<u><ruby>渡<rt>わた</rt></ruby>ると</u>、モノレールの<ruby>駅<rt>えき</rt></ruby>があります。

이 다리를 건너면 모노레일 역이 있습니다.

<ruby>渡<rt>わた</rt></ruby>る

❶ <ruby>授業<rt>じゅぎょう</rt></ruby>が＿＿＿＿＿＿＿＿＿＿＿、<ruby>眠<rt>ねむ</rt></ruby>くなります。

<ruby>始<rt>はじ</rt></ruby>まる

❷ ここは<ruby>秋<rt>あき</rt></ruby>に＿＿＿＿＿＿＿＿＿、<ruby>紅葉<rt>こうよう</rt></ruby>が

きれいですよ。

なる

❸ <ruby>学校<rt>がっこう</rt></ruby>が＿＿＿＿＿＿＿＿＿、いつも<ruby>友達<rt>ともだち</rt></ruby>

とトッポッキを<ruby>食<rt>た</rt></ruby>べに<ruby>行<rt>い</rt></ruby>きます。

<ruby>終<rt>お</rt></ruby>わる

❹ このAIアプリは、＿＿＿＿＿＿＿＿＿＿、

<ruby>何<rt>なん</rt></ruby>でも<ruby>答<rt>こた</rt></ruby>えてくれます。

<ruby>話<rt>はな</rt></ruby>しかける

▶ 낱말과 표현

<ruby>渡<rt>わた</rt></ruby>る 건너다 ｜ <ruby>橋<rt>はし</rt></ruby> 다리 ｜ モノレール 모노레일 ｜ <ruby>始<rt>はじ</rt></ruby>まる 시작되다 ｜ <ruby>眠<rt>ねむ</rt></ruby>い 졸리다 ｜ <ruby>紅葉<rt>こうよう</rt></ruby> 단풍 ｜ <ruby>終<rt>お</rt></ruby>わる 끝나다 ｜
トッポッキ 떡볶이 ｜ アプリ 앱 ｜ <ruby>話<rt>はな</rt></ruby>しかける 말을 걸다 ｜ <ruby>答<rt>こた</rt></ruby>える 대답하다

▶ 아래 예와 같이 문장을 완성해 봅시다.

예)

いつもゲームばかりして。<u>学生らしく、</u>少しは勉強しなさい。

맨날 게임만 하고. 학생답게 조금은 공부하지 그래.

❶ もう少し_____、きちんと学生を指導してください。

❷ たまにわがままを言うのも、_____てかわいいと思います。

❸ 納豆が食べられないなんて、_____ありませんね。

❹ 好きなことを思いっきりやって、_____生きてください。

❺ 吐く息も白くなって、だいぶ_____なりましたね。

冬　　(学生)　　先生　　自分　　日本人　　子供

▶ **낱말과 표현**

指導 지도 | 我がままを言う 앙탈을 부리다 | 思いっきり 마음껏 | 吐く 내뱉다 | 息 입김 | 白い 하얗다 | 冬 겨울 |
自分 자기

72

▶ 주어진 질문에 예와 같이 대답해 봅시다.

① 周りの人は、以前に比べてどうなりましたか。

예1) 姉の髪が長くなりました。

예2) ○○さんは歌が上手になりました。

_____

② 春/夏/秋/冬になると、どうなりますか。

예) 春になると、虫が増えます。

_____

③ 日本らしい、または韓国らしいと思う所(物)はどこ(何)ですか。

예1) 市場が韓国らしいところだと思います。

예2) 梅干が日本らしい食べ物だと思います。

_____

▶ 낱말과 표현

周り 주위 | 以前 이전 | 比べる 비교하다 | 姉 누나, 언니 | 髪 머리카락 | 長い 길다 | 虫 벌레 | 増える 늘어나다 |
市場 시장 | 梅干 일본식 매실 장아찌

四季の私

 **Track 4-05-02**

春になって暖かくなると、外に遊びに出かけたくなります。近くの公園は、桜が咲き始めると、花見客で一杯になります。桜の木の下で飲むお酒が、これまた最高！普段お酒をあまり飲まない私も、花見に行くと、飲みたくなってしまいます。

夏が来て梅雨の時期になると、からっとした揚げ物が食べたくなります。梅雨が過ぎると、本格的な夏です。海に出かけて、思いっきり遊びたくなりますね。海水浴や夏祭りに行くと、必ず食べるのが焼きそばとかき氷！屋台の食べ物が恋しくなる季節です。

秋になると、サンマやクリが食べたくなります。あ、なんか食べ物の話ばっかり……。食べ物以外にも私は秋らしい風景が大好きで、イチョウ並木や紅葉、高い空や夜空に浮かんだ月などを見ると、うっとりしてしまいます。

冬は一番苦手で、寒くなると、気持ちも沈んできます。でも、大丈夫。冬には鍋がありますから。寒い冬に暖かい鍋を食べると、気持ちも暖かくなって、そして眠くなります。私にとって冬は鍋と眠りの季節ですね。

▶ **낱말과 표현**

咲く 피다 | 동사 ます형 + **始める** ~하기 시작하다 | **花見客** 상춘객 | **最高** 최고 | **普段** 평소 | **花見** 벚꽃놀이 |

梅雨 장마 | **時期** 시기 | **からっと** 바싹 | **揚げ物** 튀김 | **過ぎる** 지나다 | **本格的** 본격적 | **祭り** 축제 |

海水浴 해수욕 | **必ず** 반드시 | **焼きそば** 볶음면 | **かき氷** 빙수 | **屋台** 포장마차 | **恋しい** 그립다 | **季節** 계절 |

サンマ 꽁치 | **クリ** 밤 | **ばっかり** 만, 뿐, 투성이 | **風景** 풍경 | **イチョウ** 은행나무 | **並木** 가로수 | **夜空** 밤하늘 |

浮かぶ 뜨다 | **うっとりする** 황홀해지다 | **苦手だ** 친해지기 어렵다 | **沈む** 가라앉다 | **鍋** 냄비, 냄비 요리 | **眠り** 잠

▶ [읽기 연습]을 참고하여 각 계절이 되면 주변 환경과 자기 자신이 어떻게 되는지에 대해 써 봅시다.

···

問題1 (　　　)に なにを いれますか。①・②・③・④から いちばん いい ものを ひとつ
えらんで ください。

1 子ども (　　　) かわいいですね。

① ようで　　　　② そうで　　　　③ らしくて　　　④ くさくて

2 子どもが いつのまにか 大人(おとな) (　　　) なりました。

① は　　　　　　② が　　　　　　③ に　　　　　④ へ

3 ここを (　　　) 水が 出ます。

① おすと　　　　② おすの　　　　③ おした　　　④ おしや

問題2 つぎの ことばの つかいかたで いちばん いい ものを ①・②・③・④から ひとつ
えらんで ください。

4 だいぶ

① じゃあ、だいぶ すわりましょう。

② だいぶ あたたかく なりましたね。

③ かれとは だいぶ 会う くらいですよ。

④ 休む ときは だいぶ れんらくして ください。

問題3 ___★___ に はいる ものは どれですか。①・②・③・④から いちばん いい ものを
ひとつ えらんで ください。

5 _____ ___★___ _____ _____きましたね。

① 先生　　　　② だんだん　　③ なって　　　④ らしく

일본 문화 탐방

▶ 다와라 마치의 베스트셀러 단카집 『샐러드 기념일』, 31음절 속에 담긴 애증

일본의 정형시인 단카(短歌)는 1200년이 넘는 오랜 역사를 지니고 있습니다. 대중적인 문학 형태로 알려지게 된 것은 1987년 다와라 마치(俵万智/1962~)의 첫 단카집 『샐러드 기념일(サラダ記念日)』(河出書房新社)이 베스트셀러로서 붐을 일으킨 이후입니다.

세계에서 가장 짧은 정형시로 불리는 하이쿠(俳句)는 어떤 미적인 한순간을 한 컷의 사진처럼 포착해 5·7·5의 리듬, 17음절의 말로 오려내는 느낌입니다. 이에 비해 단카는 영화의 숏(shot)이나 신(scene)과 같은 일련의 사건을 5·7·5·7·7의 리듬, 31음절의 말로 함축하는 느낌입니다.

『샐러드 기념일』은, 젊은 남녀의 애증이 얽힌 풋풋한 연애 감각을 31음절로 재치 있게 압축한 단카 434편이 수록된 단카집입니다.

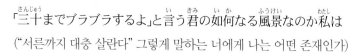

「この味がいいね」と君が言ったから七月六日はサラダ記念日

(네가 "이 맛이 좋아"라고 말했으니까 7월 6일은 샐러드 기념일)

연인이 말한 그 한마디에 사랑의 기쁨을 산뜻하게 읊은 표제작입니다. 물론 사랑의 기쁨만을 표출한 것은 아닙니다.

「三十までブラブラするよ」と言う君の如何なる風景なのか私は

("서른까지 대충 살란다" 그렇게 말하는 너에게 나는 어떤 존재인가)

별 뜻 없는 연인의 언행에 마음이 상하기도 하고, '내'가 배제된 미래를 이미지화하는 연인의 태도에 안달이 나기도 합니다.

단카는 '아!' 하는 어떤 마음의 첫 흔들림이 씨앗이 된다고 합니다. 『샐러드 기념일』의 단카를 읽다 보면 그러한 '아!' 하는 마음의 흔들림을 고스란히 느낄 수 있습니다. 일본어로 'よむ'는 두 가지 뜻이 있는데 보통 '読む'는 '읽다', '詠む'는 '읊다'로 해석합니다. 읽어도 읊어도 흥미로운 단카의 세계, 여러분도 『샐러드 기념일』로 만나 보면 어떨까요?

▶ 일본어 읽기 연습에도 딱! 호시 신이치의 「쇼트—쇼트」 소설 세계

일본의 소설가 하면 인기 작가 무라카미 하루키(村上春樹)나, 메이지의 문호 나쓰메 소세키(夏目漱石) 등이 떠오르겠지요? 그런데 호시 신이치(星新一/1926~1997)라는 소설가의 이름도 들어 보셨나요? 그는 「쇼트—쇼트(ショート・ショート)」라는 소설 형태로 1000편을 넘는 소설 작품을 남긴 유명한 SF 작가입니다. 「쇼트—쇼트」는 일종의 '초단편소설'이라 할 수 있는데, 책 쪽수로 치면 대체로 1~15쪽 정도의 짧은 소설이며, 호시 신이치의 작품은 대체로 5쪽 내외인 경우가 많습니다. 그는 이 「쇼트—쇼트」 장르를 확립한 제1인자라고 할 수 있습니다.

문고판 첫 자선집으로 호시 신이치 문학의 입문서라고도 불리는 『봇코짱(ボッコちゃん)』(新潮社, 1971)에 수록된 「살인 청부업자입니다(殺し屋ですのよ)」의 줄거리를 살짝 맛볼까요?

어느 날 아침, 큰 회사 사장인 엔 씨 앞에 '살인 청부업자'라고 자칭하는 여자가 나타난다. 그 여자는 엔 씨의 라이벌 회사 사장을 6개월 안에 자연사로 위장하여 죽일 수 있다고 한다. 4개월 후, 정말 라이벌 회사 사장이 심장병으로 사망했다는 소식을 들은 엔 씨는 놀라워 하면서 약속대로 그 여자에게 돈을 지불하는데……

이처럼 그의 작품은 독자에게 '도대체 어떻게 된 일이지' 하고 생각하게 합니다. 그리고 아니나 다를까 결말 부분에서 반전이 일어납니다. 그 반전은 대부분 현대 사회를 풍자한 것이거나 미래에 대한 경고입니다. 또한, 구체적인 인명이나 지명 등 고유명사를 철저히 배제함으로써 지역성과 시대성을 무색화시키며 근미래적 세계관으로 그리고 있습니다.

반전을 위한 복선과 결말의 무게 등을 통해 이야기의 구조적 기초를 배울 수 있어 초등학교 국어 교과서에도 실려 있습니다. 이렇게 하여 호시 신이치는 일본 어린이들의 사고와 글쓰기 스승으로 영원히 남게 되었습니다. 쉬운 말과 표현이 사용되었고, 무엇보다 짧고 재미있기 때문에 일본어 읽기 연습에도 안성맞춤인 것으로 생각됩니다. 여러분도 일본어 공부도 할 겸 호시 신이치의 신기한 세계에 빠져 보는 것은 어떨까요?

✏️ 가타카나를 써 보자!

キムチチゲ _{김치찌개}	キムチチゲ	
ビビンバ _{비빔밥}	ビビンバ	
サムゲタン _{삼계탕}	サムゲタン	
カルグクス _{칼국수}	カルグクス	
トッポッキ _{떡볶이}	トッポッキ	

✏️ 한자를 써 보자!

季節 계절	季節	
花見 꽃구경	花見	
海水浴 해수욕	海水浴	
紅葉 단풍	紅葉	
夏祭り 여름 축제	夏祭り	

テストがあるので、勉強しています。

시험이 있어서 공부하고 있습니다.

point

Track 4-06-01

近藤　明日、テストなのに勉強しなくていいんですか。

高　あ、明日のテスト、来週に延びたので、大丈夫です。

近藤　そうなんですか。でもゲームばかりしてて、大丈夫ですか。

高　いえ、そろそろ始めます。一番になるためにがんばらないと。

近藤　私も来週、韓国語のテストがあるので、勉強してます。

高　わからないことがあったら、聞いてください。
近藤さんのためなら、いつでも協力しますよ。

▶ **낱말과 표현**

延びる 연기되다 | そろそろ 슬슬 | 一番になる 일등을 하다 | ～のためなら ～을/를 위해서라면 |
いつでも 언제든지 | 協力 협력, 협조

82

01 ～ので ～기 때문에, ～아/어서, ～(으)니까

» 【동사 · い형용사 보통체】＋ので

» 【명사 · な형용사 어간】＋なので

| 예문 |

❶ 今日は見たいドラマがあるので、早く帰ります。
　 오늘은 보고 싶은 드라마가 있어서 빨리 (집에) 갑니다.

❷ 日本語がわからないので、英語で話してください。
　 일본어를 모르니까 영어로 말해 주세요.

❸ テストが終わったので、思いっきり遊びます。
　 시험이 끝났기 때문에 마음껏 놀 겁니다.

❹ 母の小言がうるさいので、外に出ました。
　 엄마 잔소리가 시끄러워서 밖에 나왔습니다.

❺ 明日、母の誕生日なので、プレゼントを買いに行きます。
　 내일 어머니 생신이라서 선물을 사러 갑니다.

❻ 暇なので、散歩にでも出かけて来ます。
　 한가하니까 산책이라도 나갔다 올게요.

▶ **낱말과 표현**

ドラマ 드라마 | 早く 빨리 | 思いっきり 마음껏 | 小言 잔소리 | 暇だ 한가하다 | 散歩 산책 | 失礼する 실례하다

02 　〜のに 〜ㄴ/는데(도)

» 【동사・い형용사 보통체】＋のに

» 【명사・な형용사 어간】＋なのに

| 예문 |

❶ 兄はパン屋で働いているのに、パンが嫌いです。

　형은 빵집에서 일하고 있는데도 빵을 싫어합니다.

❷ 平仮名も書けないのに、なんで漢字が書けるの。

　히라가나도 쓸 수 없는데 어떻게 한자를 쓸 수 있어?

❸ 頑張って勉強したのに、テストの日に寝坊してしまいました。

　열심히 공부했는데 시험 당일에 늦잠을 자 버렸습니다.

❹ なんでだろう。寒いのに、アイスクリームが食べたい。

　왜 그럴까? 추운데도 아이스크림을 먹고 싶어.

❺ あの人は営業マンなのに、口下手です。

　저 사람은 영업 사원인데도 말주변이 없습니다.

❻ 彼女は自分も大変なのに、いつも人のために行動しています。

　그녀는 자기 자신도 힘든데 늘 남을 위해 행동하고 있습니다.

▶ **낱말과 표현**

パン屋 빵집 ｜ 働く 일하다 ｜ 寝坊をする 늦잠을 자다 ｜ なんで 왜 ｜ 営業マン 영업 사원 ｜ 口下手だ 말주변이 없다 ｜
行動する 행동하다

03 〜ために ~위해서

» 【동사 기본형】+ ために ~하기 위해서

» 【명사】+ のために ~을/를 위해서

Tip

'〜ためなら' 형태로 '〜위해서라면'이라는 뜻으로 사용됩니다.

出世のためなら、何だってします。 출세를 위해서라면 뭐든지 하겠습니다.

| 예문 |

❶ 試験に合格するために、毎日10時間勉強しています。

시험에 합격하기 위해서 매일 10시간 공부하고 있습니다.

❷ 卒業するためには、この授業を受けなければなりません。

졸업하기 위해서는 이 수업을 들어야 합니다.

❸ 家族のために、お金を稼がないといけません。

가족을 위해서 돈을 벌어야 합니다.

❹ 熱中症予防のために、水分をとりましょう。

열중증 예방을 위해서 수분을 섭취합시다.

▶ **낱말과 표현**

合格する 합격하다 | **授業を受ける** 수업을 듣다 | **稼ぐ** 벌다 | **熱中症** 열중증 | **予防** 예방 | **水分** 수분 |
摂る 섭취하다

▶ 아래 예와 같이 문장을 완성해 봅시다.

예)

> 휴일 明日は休みなので、家でのんびりします。
>
> 내일은 휴일이라서 집에서 느긋하게 보낼 겁니다.

❶ 비 今日は朝から＿＿＿＿＿＿＿ので、野球ができません。

❷ 바쁘다 今＿＿＿＿＿＿＿＿＿＿ので、すみませんが、後ほどお電話しますね。

❸ 먹었다 たくさん＿＿＿＿＿＿＿＿＿ので、お腹が一杯です。

❹ 서툴다 すみません。生ものが＿＿＿＿＿＿＿ので、刺身は食べられないんです。

❺ 마실 수 없다 私はお酒が＿＿＿＿＿＿＿ので、ウーロン茶にします。

▶ **낱말과 표현**

のんびりする 느긋하게 보내다 | 野球 야구 | 忙しい 바쁘다 | 後ほど 나중에 | お腹が一杯だ 배가 부르다 |
生もの 날것 | 苦手だ 서툴다, 친해지기 어렵다 | 刺身 회 | 飲める 마실 수 있다 | ウーロン茶 우롱차

▶ 아래 예와 같이 문장을 완성해 봅시다.

예)

　먹었다　 デザートまで全部 <ruby>全部<rt>ぜんぶ</rt></ruby> 食べたのに <ruby>食<rt>た</rt></ruby>べたのに 、まだお腹が空いています。

디저트까지 다 먹었는데도 아직 배가 고픕니다.

❶　활발하다　彼<ruby>彼<rt>かれ</rt></ruby>はいつも＿＿＿＿＿＿＿＿のに、今日<ruby>今日<rt>きょう</rt></ruby>は何<ruby>何<rt>なん</rt></ruby>だか元気<ruby>元気<rt>げんき</rt></ruby>が
ないな。

❷　보내다　一週間前<ruby>一週間前<rt>いっしゅうかんまえ</rt></ruby>にメールを＿＿＿＿＿＿＿のに、まだ返事<ruby>返事<rt>へんじ</rt></ruby>が
来<ruby>来<rt>き</rt></ruby>ません。

❸　맛있다　これ、すごく＿＿＿＿＿＿＿＿のに、どうして誰<ruby>誰<rt>だれ</rt></ruby>も
食<ruby>食<rt>た</rt></ruby>べないの。

❹　겨울　＿＿＿＿＿＿＿＿のに、あったかくて気持<ruby>気持<rt>きも</rt></ruby>ちいいなあ。

❺　시작되다　もうすぐ試験<ruby>試験<rt>しけん</rt></ruby>が＿＿＿＿＿＿＿＿のに、まだ友達<ruby>友達<rt>ともだち</rt></ruby>が
来<ruby>来<rt>き</rt></ruby>ません。

▶ **낱말과 표현**

デザート 디저트 ｜ **お腹が空<ruby>空<rt>す</rt></ruby>く** 배가 고프다 ｜ **元気<ruby>元気<rt>げんき</rt></ruby>だ** 활발하다, 생기발랄하다 ｜ **元気<ruby>元気<rt>げんき</rt></ruby>がない** 기운이 없다 ｜ **何<ruby>何<rt>なん</rt></ruby>だか** 왠지 ｜
一週間前<ruby>一週間前<rt>いっしゅうかんまえ</rt></ruby> 일주일 전 ｜ **送<ruby>送<rt>おく</rt></ruby>る** 보내다 ｜ **返事<ruby>返事<rt>へんじ</rt></ruby>** 답장 ｜ **どうして** 왜 ｜ **冬<ruby>冬<rt>ふゆ</rt></ruby>** 겨울 ｜ **気持<ruby>気持<rt>きも</rt></ruby>ちいい** 기분(느낌)이 좋다 ｜
もうすぐ 이제 곧 ｜ **始<ruby>始<rt>はじ</rt></ruby>まる** 시작되다

▶ 아래 예와 같이 문장을 완성해 봅시다.

예)

やせるため/健康のために、毎日運動をしています。

살을 빼기 위해/건강을 위해서 매일 운동을 하고 있습니다.

やせる/健康

❶

試合に＿＿＿＿＿＿＿＿＿に、必死に練習してきました。

勝つ

❷

＿＿＿＿＿＿＿＿＿に、シートベルトをお締めください。

安全

❸

研究者に＿＿＿＿＿＿＿＿＿に、大学院に進学しました。

なる

❹

お客さんの＿＿＿＿＿＿＿＿＿に、おいしい料理を作ります。

笑顔

▶ **낱말과 표현**

やせる 살 빼다, 살 빠지다 │ 健康 건강 │ 試合 시합, 경기 │ 必死に 필사적으로, 열심히 │ 練習 연습 │ 安全 안전 │
シートベルト 안전벨트 │ 締める 매다 │ 研究者 연구자 │ 大学院 대학원 │ 進学 진학 │ お客さん 손님 │
笑顔 웃는 얼굴

▶ ので/のに를 사용해서 예와 같이 말해 봅시다.

예)

時間がない［ので］→ 時間がないので、急ぎましょう。

　　　　　　［のに］→ 時間がないのに、ゆっくり歩いています。

① 新しいスマホを買った［ので］→ ＿＿＿＿＿＿＿＿＿＿＿＿＿＿

　　　　　　　　　　　　［のに］→ ＿＿＿＿＿＿＿＿＿＿＿＿＿＿＿

② 天気がいい［ので］→ ＿＿＿＿＿＿＿＿＿＿＿＿＿＿＿＿＿＿＿

　　　　　　　［のに］→ ＿＿＿＿＿＿＿＿＿＿＿＿＿＿＿＿＿＿

③ 韓国人［ので］→ ＿＿＿＿＿＿＿＿＿＿＿＿＿＿＿＿＿＿＿＿

　　　　　　［のに］→ ＿＿＿＿＿＿＿＿＿＿＿＿＿＿＿＿＿＿＿＿

▶ 주어진 질문에 예와 같이 대답해 봅시다.

① 何のために日本語を勉強していますか。

예) 日本人の友達と仲良くなるために勉強しています。

＿＿＿＿＿＿＿＿＿＿＿＿＿＿＿＿＿＿＿＿＿＿＿＿＿

▶ 낱말과 표현

急ぐ 서두르다 | ゆっくり 천천히 | 歩く 걷다 | 新しい 새롭다 | 仲良くなる 친해지다

最近の出来事

 Track 4-06-02

このあいだの日曜日、とても天気がよかったので、家族と一緒に海にドライブに行きました。少しだけでも海の中に入ってみたかったのですが、冷たそうだったのでやめました。でも、入っている人も何人かいました。もう11月なのに、寒くないのかな。

海辺には有名な刺身の店がたくさんあるので、一番人気のある店をネットで調べてそこに入りました。その店はお客さんを喜ばすために、たくさんサービスをしてくれることで有名だそうです。刺身の味もおいしかったのですが、とにかくサービスがすごくて、注文もしていないのに次々と料理が出てきてびっくりしました。

帰りは疲れたので、運転手の父以外は車の中で寝てしまいました。家に着くと、母が中華の出前を頼みました。さっきあんなに食べたのに、夕飯もお腹一杯食べました。私たちにとって、日曜日はたらふく食べるためにあるのかもしれません。

▶ **낱말과 표현**

出来事 있었던 일, 생긴 일 | **このあいだ** 지난번 | **ドライブ** 드라이브 | **冷たい** 차갑다 | **やめる** (하려다가) 말다,
그만두다 | **海辺** 해변, 바닷가 | **ネット** 인터넷 | **調べる** 조사하다, 알아보다 | **喜ばす** 기쁘게 만들다, 만족시키다 |
注文 주문 | **次々と** 잇달아 | **びっくりする** 놀라다 | **帰り** 귀가, 귀갓길 | **疲れた** 피곤하다 | **運転手** 운전사 |
以外 이외 | **着く** 도착하다 | **中華** 중국음식 | **出前を頼む** 음식 배달을 시키다 | **夕飯** 저녁밥 | **お腹一杯** 배불리 |

たらふく 배 터지게

▶ [읽기 연습]을 참고하여 최근에 있었던 일에 대해 써 봅시다.

問題1 （　　　）に なにを いれますか。①・②・③・④から いちばん いい ものを ひとつ
えらんで ください。

$\boxed{1}$ 明日は 休み（　　　）会社へは 行きません。

① ので　　　　　② なので　　　　③ から　　　　④ なから

$\boxed{2}$ 今日は、冬（ふゆ）（　　　）あたたかいですね。

① けど　　　　　② なけど　　　　③ のに　　　　④ なのに

$\boxed{3}$ 試合（しあい）に（　　　）ために ひっしに 練習（れんしゅう）して きました。

① かた　　　　　② かち　　　　　③ かつ　　　　④ かて

問題2 つぎの ことばの つかいかたで いちばん いい ものを ①・②・③・④から ひとつ
えらんで ください。

$\boxed{4}$ いっぱい

① かおを いっぱいに あらいました。

② たくさん 食べて おなかが いっぱいです。

③ わたしの あしは いっぱい 長く ないですよ。

④ こしが いっぱいだと うごく ことも できません。

92

問題3　___★___ に はいる ものは どれですか。①・②・③・④から いちばん いい ものを
ひとつ えらんで ください。

5　この ケーキは_____ __★__ _____ _____食べないで ください。

　① ために　　　② ものなので　　③ かった　　　④ おきゃくさんの

✏️ 가타카나를 써 보자!

レストラン _{레스토랑}	レストラン	
フルコース _{풀코스}	フルコース	
オードブル _{오르되브르, 전채 요리}	オードブル	
メインディッシュ _{메인요리}	メインディッシュ	
デザート _{디저트}	デザート	

✏️ 한자를 써 보자!

寿司 초밥	寿司	
刺身 회	刺身	
焼き魚 생선구이	焼き魚	
揚げ物 튀김	揚げ物	
お菓子 과자	お菓子	

雨が降るかも
しれません。

비가 올지도 모릅니다.

point

🎵 Track 4-07-01

文 ちょっと荷物が多すぎませんか。2泊3日ですよね。

石井 ええ、でも全部必要なものなので。

文 傘は要らないと思いますよ。

石井 でも、もしかしたら、雨が降るかもしれませんし。

文 コートも必要ですか。

石井 ひょっとしたら、急に寒くなるかもしれませんしね。

文 そんなに心配ばかりしていたら、旅行が面白くなくなりますよ。

▶ **낱말과 표현**

荷物 짐 | 多い 많다 | 2泊3日 2박3일 | 必要だ 필요하다 | 要らない 필요 없다 | もしかしたら 혹시, 어쩌면 |
~し ~고 해서, ~고 하니 | コート 코트 | ひょっとしたら 혹시, 어쩌면 | 急に 갑자기 | そんなに 그렇게 |
心配する 걱정하다

01 ~かもしれない ~ㄹ지도 모른다, ~ㄹ 수도 있다

>> 【보통체(명사·な형용사 어간)】 + かもしれない

ある → あるかもしれない 있을지도 모른다

ない → ないかもしれない 없을지도 모른다

簡単だ → 簡単かもしれない 쉬울지도 모른다

日本人 → 日本人かもしれない 일본인일지도 모른다

| 예문 |

❶ 佐藤先生なら、教室にいるかもしれません。
사토 선생님이라면 교실에 있을지도 모릅니다.

❷ もしかすると、あの人が奥さんかもしれません。
어쩌면 저 사람이 부인일지도 모릅니다.

❸ 明日までにレポートを提出するのは、難しいかもしれません。
내일까지 리포트를 제출하는 것은 어려울지도 모릅니다.

❹ ひょっとしたら、後で誰か来るかもしれないよ。
혹시 나중에 누가 올 수도 있어.

❺ この仕事はかなり大変かもしれない。
이 일은 꽤 힘들지도 몰라.

Tip
'もしかすると', 'もしかしたら', 'ひょっとすると', 'ひょっとしたら' 등의 표현과 같이 쓰일 때가 많습니다.

Tip
회화체, 특히 반말을 하는 장면에서는 'しれない'를 생략해 '가も'만 붙이는 경우도 있습니다.
二人は、もしかしたら特別な関係かも。두 사람은 어쩌면 특별한 사이일지도.

▶ **낱말과 표현**

奥さん 부인 | までに ~까지(기한) | 提出する 제출하다 | 後で 나중에 | 誰か 누군가 | かなり 꽤 | 大変だ 힘들다 |
特別だ 특별하다 | 関係 관계

02   ～すぎる 너무 ～하다

» 【동사 ます형·형용사 어간】+ すぎる

買う → 買いすぎる 너무 많이 사다

大きい → 大きすぎる 너무 크다

静かだ → 静かすぎる 너무 조용하다

| 예문 |

❶ お酒を飲みすぎて、気持ちが悪いです。

술을 너무 많이 마셔서 속이 불편합니다.

❷ 久しぶりにバイキングに行って、食べすぎた。

오랜만에 뷔페에 가서 너무 많이 먹었다.

❸ 単語が多すぎて、全部覚えられません。

단어가 너무 많아서 다 외울 수 없습니다.

❹ 彼はいい人だが、真面目すぎて、付き合いにくい。

그는 좋은 사람이지만, 너무 진지해서 사귀기 어렵다.

▶ 낱말과 표현

気持ちが悪い 속이 불편하다(속이 거북하다) | 久しぶりに 오랜만에 | バイキング 뷔페 | 単語 단어 |
覚える 외우다 | 真面目だ 진지하다, 성실하다 | 付き合う 사귀다 | 気を付ける 조심하다, 주의하다

03 ～ばかり ～만/뿐

❶ うちの子は毎日アニメばかり見ています。

우리 집 아이는 매일 애니메이션만 보고 있습니다.

❷ この町は、うどん屋ばかりですね。

이 동네는 우동집만 있네요.

❸ 弟は勉強もしないで、ゲームばかりしている。

남동생은 공부도 하지 않고 게임만 하고 있다.

Tip

'～だけ'는 사실적으로 한정되어 있음을 나타내는 데 비해 '～ばかり'는 정도나 분량이 지나치게 많다는 느낌을 주기 위해서 사용되며, 불만이나 비난을 나타낼 때가 많습니다. 다만 긍정적인 뜻으로 사용될 때도 있습니다.

世界中の珍しい食べ物ばかりを集めました。전 세계의 특이한 음식만 모았습니다.

또한 회화체로는 '～ばっかり' 형태로 사용될 때가 많습니다.

難しそうな本ばっかりだね。어려워 보이는 책뿐이네.

Tip

'～てばかりいる'로 '～하기만 하고 있다'의 뜻으로 사용될 때도 있습니다.

最近、妻は怒ってばかりいます。요즘 아내는 화만 내고 있습니다.

食べてばかりいたら、太っちゃった。먹기만 하고 있으니 살쪄 버렸다.

▶ **낱말과 표현**

うち 우리, 우리 집 | 町 동네 | うどん屋 우동집 | 世界中 전 세계 | 珍しい 특이하다 | 集める 모으다 | 最近 최근, 요즘 | 妻 아내 | 怒る 화내다 | 太る 살찌다

▶ 아래 예와 같이 문장을 완성해 봅시다.

예)

降る

午後から雨が降るかもしれないので、
傘を持って行きます。

오후부터 비가 올지도 모르니까 우산을 가져갑니다.

❶ 今日の3時間目は＿＿＿＿＿＿＿しれないので、
教科書を持って行きます。

補講

❷ 日差しが＿＿＿＿＿＿＿しれないので、サング
ラスを持って行きます。

強い

❸ プレゼントをたくさん＿＿＿＿＿＿＿しれない
ので、大きいかばんを持って行きます。

もらう

❹ 電車の中は＿＿＿＿＿＿＿しれないので、本を
持って行きます。

退屈だ

▶ 낱말과 표현

持って行く 가져가다 | 補講 보강 | ～時間目 ～교시 | 日差しが強い 햇빛이 강하다 | サングラス 선글라스 |
もらう 받다 | 退屈だ 심심하다, 지루하다

▶ 아래 예와 같이 문장을 완성해 봅시다.

예)

　　お酒を飲みすぎて、頭が痛いです。

　　술을 너무 많이 마셔서 머리가 아픕니다.

❶ カラオケで＿＿＿＿＿＿＿＿＿＿＿て、＿＿＿＿＿＿＿が痛いです。

❷ 仕事を＿＿＿＿＿＿＿＿＿＿＿て、＿＿＿＿＿＿がこりました。

❸ スピーカーの音が＿＿＿＿＿＿＿て、＿＿＿＿＿＿が痛いです。

❹ 脂っこい物を＿＿＿＿＿＿＿＿て、＿＿＿＿＿＿が悪いです。

❺ 彼のことが＿＿＿＿＿＿＿＿＿＿＿で、＿＿＿＿＿＿が痛いです。

❻ テレビを＿＿＿＿＿＿＿＿＿＿＿て、＿＿＿＿＿＿が疲れました。

する　歌う　（飲む）　見る　食べる　うるさい　好きだ

頭　耳　目　のど　胸　肩　気持ち

▶ 낱말과 표현

痛い 아프다 ｜ 肩がこる 어깨가 걸리다 ｜ スピーカー 스피커 ｜ 音 소리 ｜ 脂っこい 기름기가 많다, 느끼하다 ｜
気持ちが悪い 속이 불편하다, 메스껍다 ｜ 疲れる 지치다(→ 疲れた 피곤하다) ｜ 歌う 노래 부르다 ｜ うるさい 시끄럽다 ｜
頭 머리 ｜ 耳 귀 ｜ 目 눈 ｜ のど 목(구멍) ｜ 胸 가슴

▶ 아래 예와 같이 문장을 완성해 봅시다.

예)

ゲーム

勉強もしないで、<u>ゲームばかりしてい</u>ます。

공부도 하지 않고 게임만 하고 있습니다.

❶ お菓子
ご飯も食べないで、

_____ います。

❷ 動画
仕事もしないで、

_____ います。

❸ 本
天気がいいのに出かけないで、
家で_____ います。

❹ 仕事
子供の世話もしないで、

_____ います。

▶ 낱말과 표현

お菓子 과자 | 動画 동영상 | 天気 날씨 | 出かける 외출하다 | 子供 아이 | 世話をする 돌보다

▶ 주어진 질문에 예와 같이 대답해 봅시다.

① どんなときに、「いいことがあるかもしれない」「悪いことがあるか
もしれない」と思いますか。

예) 朝起きて、天気がいいとき、「いいことがあるかもしれない」と
思います。

_____

② どんなときに、食べすぎますか。または、飲みすぎますか。

예) バイキングに行ったとき、食べすぎます。

_____

③ 家族や友達について不満な点はありますか。(ばかり를 사용할 것)

예) 弟はいつもゲームばかりしています。

_____

▶ 낱말과 표현

いいこと 좋은 일 | 悪いこと 안 좋은 일 | 不満だ 불만스럽다 | 点 점 | いつも 항상

心配性

私はよく「気が小さい」と言われます。いつも心配ばかりしているからです。他の人が見たらどうでもいいことを、いつまでも考えてしまいます。何か言った後に、「もしかしたら、私の言葉が彼女を傷つけたかも」とか、「ひょっとしたら、あの子の気分を悪くしてしまったかも」と考えたりします。

人間関係以外でも、例えば、「急に雨がふるかもしれない」と思って、いつも傘をカバンに入れています。また、「急に寒くなるかもしれない」と思って、いつも上着を持って出かけます。「地震が起こって、バスが止まるかもしれない」とも思うので、歩いて家に帰れるように、いつもスニーカーをはいています。

友達や家族には「心配しすぎだよ」とか、「考えすぎだよ」とよく言われます。直そうと思うのですが、なかなか直りません。これは性格ですから、しょうがないかもしれませんね。

▶ **낱말과 표현**

心配性 걱정이 많은 성격 │ **よく** 자주 │ **気が小さい** 소심하다 │ **〜と言われる** ~라는 소리를 듣다 │ **他の人** 다른 사람 │
どうでもいい 별것도 아니다, 상관없다 │ **いつまでも** 언제까지나, 오랫동안 │ **考える** 생각하다 │ **言葉** 말 │
傷つける 상처를 주다 │ **気分を悪くする** 기분을 상하게 하다 │ **人間関係** 인간관계 │ **例えば** 예를 들어 │ **急に** 갑자기 │
入れる 넣다 │ **上着** 외투, 상의 │ **地震が起こる** 지진이 일어나다 │ **止まる** 멈추다 │ **スニーカー** 운동화 │ **履く** 신다 │
直す 고치다 │ **なかなか** 좀처럼 │ **直る** 고쳐지다 │ **性格** 성격 │ **しょうがない** 어쩔 수 없다

▶ [읽기 연습]을 참고하여 자꾸 걱정되는 일에 대해 써 봅시다.

問題1 (　　　)に なにを いれますか。①・②・③・④から いちばん いい ものを ひとつ えらんで ください。

1 まだ わかりませんが、来年 (　　　) かもしれません。

① 結婚し　　② 結婚して　　③ 結婚した　　④ 結婚する

2 まんが (　　　) よんで いないで、少しは 勉強しなさい。

① でも　　② ほど　　③ ばかり　　④ くらい

3 この サイズだと ちょっと (　　　) すぎるよ。

① 小さ　　② 小さい　　③ 小さく　　④ 小さくて

問題2 ＿＿★＿＿ に はいる ものは どれですか。①・②・③・④から いちばん いい ものを ひとつ えらんで ください。

4 昨日の 夜、＿＿＿＿＿ ＿★＿ ＿＿＿＿＿ ＿＿＿＿＿。

① あたまが　　② のみ　　③ いたい　　④ すぎて

5 もしかしたら＿＿＿＿ ＿＿＿＿＿ ＿★＿ ＿＿＿＿＿。

① かも　　② 日本人　　③ しれない　　④ あの人は

일본 문화 탐방

▶ 한국에서 방영된 일본의 인기 드라마 『장난스런 키스(イタズラなKiss~Love in TOKYO)』

© 「イタズラなKiss~Love in TOKYO」製作委員会.
www.cinemart.co.jp/itakiss-tokyo

　　한국에서 방영된 일본의 인기 드라마에 대해 알아봅시다. 꽤 최근까지 방영된 『장난스런 키스』는 한국에서도 방영되어 큰 인기를 얻은 작품입니다.

　　원작은 다다 카오루(多田かおる)의 일본 소녀만화로, 슈에이샤(集英社)의 별책 「마가렛(マーガレット)」에 1990년부터 1999년까지 연재되었습니다. 일본에서는 「이타키스(イタKiss)」「이타키스(イタキス)」로 약칭하기도 합니다. 2008년에 애니메이션으로, 2008년과 2009년 무대 공연화되었으며, 2013년과 2014년에는 '장난스런 키스(Love in Tokyo) 1~2'가 리메이크 제작되었습니다. 출연에는 아이하라 고토코(相原琴子) 역에 야하기 호노카(矢作穂香)가, 이리에 나오키(入江直樹) 역에는 후루카와 유우키(古川雄輝)가 출연해 인기를 모았습니다.

　　평범한 여고생 소녀 고토코는 고교 시절부터 학교 최고의 까칠한 인기남이자 머리 좋은 의대 진학생 나오키를 오랜 기간 짝사랑하지만 이루어지지 않습니다. 그러던 어느 날. 갑자기 발생한 재난으로 두 사람이 한집에 살게 되는데, 우연한 한 번의 키스가 두 주인공의 인생을 바꾸게 됩니다. 도쿄를 무대로 펼쳐지는 고토코와 나오키의 사랑 이야기는 2014년 '장난스런 키스 2~Love in TOKYO'로 방영되었으며, 2016년, 2017년 마침내 영화로도 제작·공개되었답니다.

　　한국의 MBC 방송국에서도 2010년 9월 1일부터 2010년 10월 21일까지 수목 미니시리즈 『장난스런 KISS』라는 타이틀로 방영되었으나 크게 성공을 거두지는 못했답니다.

　　순수하고 명랑한 고토코의 실패담은 때론 답답함을 자아낼 때도 있지만, 까칠하고 표현에 인색한 나오키와 대조를 이루면서 두 사람이 만들어가는 사랑은 해피엔딩으로 마무리됩니다.

✎ 가타카나를 써 보자!

テーマパーク 테마파크	テーマパーク	
ゲームセンター 오락실	ゲームセンター	
ネットカフェ PC방	ネットカフェ	
カラオケ 노래방	カラオケ	
ボーリング 볼링	ボーリング	

✎ 한자를 써 보자!

せい かく **性格** 성격	性格		
き も **気持ち** 기분, 느낌, 마음	気持ち		
しん ぱい **心配** 걱정	心配		
ふ まん **不満** 불만	不満		
なや **悩み** 고민	悩み		

傘を持って行った 方がいいですよ。

かさ　も　い　ほう

우산을 가져가는 편이 좋겠어요.

point

01 ～た/ない方がいい ～하는 편이 좋다/～하지 않는 편이 좋다

ほう

02 ～なら ～면 (정보 제공)

03 ～ことにする ～하기로 하다

Track 4-08-01

孫 どこかへお出かけですか。

斉藤 はい、友達に会いに行こうと思って。

孫 出かけるなら、傘を持って行った方がいいですよ。

斉藤 そういえば、空が曇ってますね。じゃあ、持って行く
ことにします。

孫 それと、雨の夜道は危ないですから、あまり遅くなら
ない方がいいですよ。

斉藤 そうですね。気を付けます。

▶ 낱말과 표현

お出かけ 외출 | 出かける 외출하다 | 傘 우산 | そういえば 그러고 보니 | 空 하늘 | 曇っている 흐리다 |
夜道 밤길 | 危ない 위험하다 | 遅い 늦다 | 気を付ける 조심하다

01 　**〜た方がいい/〜ない方がいい** 〜하는 편이 좋다/〜하지 않는 편이 좋다

>> 【동사 た형】+ 方がいい

　　見る → 見た方がいい 보는 편이 좋다

>> 【동사 ない형】+ 方がいい

　　来る → 来ない方がいい 오지 않는 편이 좋다

Tip

'〜하는 편이 좋다'는 한국어 해석과 달리 과거를 나타내는 た형에 접속한다는 점에 유의해야 합니다. '〜하는 것이 좋다', '〜하지 않는 것이 좋다'라고 해석하면 더 자연스러운 경우가 많습니다.

| 예문 |

❶ 今日は早く寝た方がいいですよ。

　오늘은 빨리 자는 편이 좋아요.

❷ 健康のためには、歩いた方がいいと思います。

　건강을 위해서는 걷는 것이 좋다고 생각합니다.

❸ 脂っこい物は食べない方がいいですよ。

　기름진 것은 먹지 않는 것이 좋아요.

❹ 風邪がはやっている時は、人が集まる所には行かない方がいいです。

　감기가 유행하고 있을 때는 사람이 모이는 곳에는 가지 않는 편이 좋습니다.

▶ **낱말과 표현**

健康 건강 | **歩く** 걷다 | **脂っこい** 기름지다, 느끼하다 | **風邪** 감기 | **はやる** 유행하다 | **集まる** 모이다

02 ～なら ～면 (정보 제공)

» 【보통체 접속(명사·な형용사 어간)】+ なら

行く → 行くなら 간다면

忙しい → 忙しいなら 바쁘다면

暇だ → 暇なら 한가하다면

学生 → 学生なら 학생이라면

Tip

'～なら'는 상대방에게서 얻은 화제나 상황과 관련하여 자신의 의견이나 제안, 조언 등 '정보 제공'을 하는 경우에 사용됩니다.

| 예문 |

❶ ヨーロッパに行くなら、スイスに行きたいです。
유럽에 간다면 스위스에 가고 싶습니다.

❷ カレーを作るなら、肉をいっぱい入れてください。
카레를 만든다면 고기를 많이 넣어 주세요.

❸ 漢字が難しいなら、平仮名で書いてもいいですよ。
한자가 어렵다면 히라가나로 써도 됩니다.

❹ その人のことが好きなら、思い切って告白してみたら。
그 사람이 좋다면, 용기를 내서 고백하는 건 어때?

❺ 寿司なら、やっぱり「じゃんじゃん寿司」がおいしいですよ。
초밥이라면 역시 '잔잔즈시'가 맛있어요.

❻ 国際電話なら、無料アプリを使った方がいいよ。
국제전화라면 무료 앱을 사용하는 것이 좋아.

▶ 낱말과 표현

ヨーロッパ 유럽 | **スイス** 스위스 | **肉** 고기 | **思い切って** 과감하게, 용기를 내서 | **告白する** 고백하다 |
やっぱり 역시 | **国際電話** 국제전화 | **無料** 무료 | **アプリ** 앱

03 ～ことにする ～하기로 하다

» 【동사 기본형】＋ことにする

| 예문 |

❶ 卒業後は、日本へ留学することにしました。
졸업 후에는 일본으로 유학하기로 했습니다.

❷ 健康のために、タバコはやめることにしました。
건강을 위해 담배는 끊기로 했습니다.

❸ 疲れたので、休暇をもらうことにした。
피곤하니까 휴가를 받기로 했다.

❹ つらいけど、もう彼女とは別れることにしよう。
괴롭지만 이제 그녀와는 헤어지기로 하자.

Tip

'～ことにする'는 화자 본인의 결정이나 결심을 나타냅니다. 이에 비해 '～ことになる'는 다른 사람의 결정 등 외부적 요인으로 인한 결정 또는 결과적으로 그렇게 된다는 것을 나타냅니다.

来月から勤務することになりました。 다음 달부터 근무하게 되었습니다.

私が掃除をすることになりそうです。 제가 청소를 하게 될 것 같습니다.

▶ **낱말과 표현**

留学 유학 | タバコをやめる 담배를 끊다 | 疲れた 피곤하다 | 休暇をもらう 휴가를 받다 | つらい 괴롭다, 힘들다 |
別れる 헤어지다 | 来月 다음 달 | 勤務する 근무하다 | 掃除する 청소하다

▶ 아래 예와 같이 문장을 완성해 봅시다.

예)

1 [묻다] わからないことは、先生に聞いた方がいいですよ。
모르는 것은 선생님에게 물어보는 것이 좋아요.

2 [먹지 않다] 夜遅く、ラーメンを食べない方がいいですよ。
밤늦게 라면을 먹지 않는 것이 좋아요.

❶ 쉬다 熱があるみたいですね。

少し＿＿＿＿＿＿＿＿＿＿＿＿＿＿いいですよ。

❷ 타지 않다 雪が積もっていますから、

バイクには＿＿＿＿＿＿＿＿＿＿＿いいですよ。

❸ 걸다 ご両親が心配なさいますから、

電話を＿＿＿＿＿＿＿＿＿＿＿＿＿いいですよ。

❹ 피우지 않다 健康のために、

タバコは＿＿＿＿＿＿＿＿＿＿＿いいですよ。

▶ **낱말과 표현**

夜遅く 밤늦게 │ **熱** 열 │ **雪が積もる** 눈이 쌓이다 │ **バイク** 오토바이 │ **両親** 부모(님) │ **心配する** 걱정하다 │
なさる 하시다(する의 존경어)

▶ 아래 예와 같이 문장을 완성해 봅시다.

예)

行く

山に<u>行くなら</u>、やっぱり富士山がいいですね。

산에 간다면 역시 후지산이 좋겠네요.

❶

する

日本語を勉強_____、
「チョアヨ日本語」がいいですよ。

❷

付き合う

彼女と_____、
もっと積極的になった方がいいですよ。

❸

得意だ

絵を描くことが_____、
美大に行ったらどうですか。

❹

買う

お土産を_____、
道の駅に行ってみましょう。

▶ 낱말과 표현

付き合う 사귀다 | 積極的だ 적극적이다 | 絵を描く 그림을 그리다 | 得意だ 자신이 있고 잘하다 | 美大 미대 |
お土産 여행 선물 | 道の駅 미치노에키(간선도로에 붙어 있는 휴게소 겸 상업 시설)

▶ 아래 예를 참고하여 문장을 완성해 봅시다.

❶
健康のために、 예) <u>毎日ストレッチをすることに</u> しました。

건강을 위해 매일 스트레칭을 하기로 했습니다.

健康のために、_____ しました。

❷
英語の勉強のために、 예) <u>英字新聞を読むことに</u> しました。

영어 공부를 위해 영자 신문을 읽기로 했습니다.

英語の勉強のために、_____ しました。

❸
いろいろなことに疲れたので、 예) <u>旅に出ることに</u> しました。

여러 가지 일에 지쳐서 여행을 떠나기로 했습니다.

いろいろなことに疲れたので、_____ しました。

❹
お金が必要なので、 예) <u>父にお願いすることに</u> しました。

돈이 필요해서 아버지에게 부탁하기로 했습니다.

お金が必要なので、_____ しました。

▶ 낱말과 표현

ストレッチ 스트레칭 | 英字新聞 영자 신문 | いろいろなこと 여러 가지 일 | 旅に出る 여행을 떠나다 |
必要だ 필요하다 | お願いする 부탁하다, 사정하다

▶ 주어진 문장에 예와 같이 대답해 봅시다.

① 風邪を引いてしまいました。(～た/ない方がいい를 사용할 것)

예) 外へ出ない方がいいですよ。

_____

② 宿題がたくさんあります。(～た/ない方がいい를 사용할 것)

예) 友達に手伝ってもらった方がいいですよ。

_____

③ 今度、韓国 (or 당신이 사는 도시) に行きます。(なら를 사용할 것)

예) 蔚山に来るなら、一緒に大王岩を見に行きましょう。

_____

④ 何か面白い映画が見たいなあ。(なら를 사용할 것)

예) 映画なら、〈○○〉が面白いですよ。

_____

▶ **낱말과 표현**

風邪を引く 감기에 걸리다 │ **宿題** 숙제 │ **手伝う** 돕다 │ **今度** 이번에, 다음에

日本語を勉強するなら

Track 4-08-02

日本語を勉強するなら、早く始めた方がいいです。語学は若い人の方が習得しやすいからです。私は少しでも韓国語が上手になるように、来年は韓国に留学することにしました。ちゃんと語学を習得するなら、ネイティブとたくさん話す機会を作った方がいいからです。

漢字の勉強なら、漫画を読むのがおすすめの勉強法です。漫画なら、やっぱり『ドラえもん』かな。漢字に慣れてきたら、小説を読んでみるのもいいと思います。小説なら、夏目漱石がおすすめです。でも最初は少し難しいかもしれないので、あまり無理はしない方がいいと思います。

聞き取りの練習なら、何と言っても、ユーチューブ！最近はいろいろな分野の人たちが、たくさん動画をアップしています。自分の興味にぴったりの動画が見つかるはずですから、早く日本語が上達したいなら、ユーチューブを活用した方がいいと思います。

▶ **낱말과 표현**

始める 시작하다 | 語学 어학 | 若い 젊다 | 習得する 습득하다 | 少しでも 조금이라도 | 来年 내년 | ちゃんと 제대로 |
ネイティブ 원어민 | たくさん 많이 | 機会 기회 | 作る 만들다 | 漫画 만화 | おすすめ 추천, 추천하는 것 |
勉強法 공부법 | 慣れる 익다, 익숙해지다 | 小説 소설 | 最初 처음 | 無理する 무리하다 | 聞き取り 듣기, 청해 |
練習 연습 | 何と言っても 뭐니 뭐니 해도 | ユーチューブ 유튜브 | 最近 최근 | いろいろな 다양한 | 分野 분야 |
動画 동영상 | アップする 업로드하다 | 自分 자기, 자신 | 興味 흥미, 관심사 | ぴったり 딱 맞음 |
見つかる 발견되다, 찾다 | ～はず ～ㄹ(할) 터 | 上達する 숙달되다, 능숙해지다 | 活用する 활용하다

▶ [읽기 연습]을 참고로 한국어, 또는 다른 과목의 학습 방법에 대한 조언을 써 봅시다.

問題1 （　　　）に なにを いれますか。①・②・③・④から いちばん いい ものを ひとつ えらんで ください。

1 明日、デパートへ 買い物に 行く（　　　）した。

① ことが　　　② ことに　　　③ ことで　　　④ ことを

2 テレビを（　　　）、私が いい 店を しょうかいしますよ。

① かうのに　　　② かうなり　　　③ かうには　　　④ かうなら

問題2 つぎの ことばの つかいかたで いちばん いい ものを ①・②・③・④から ひとつ えらんで ください。

3 やっぱり

① 今、10時 やっぱりです。

② ねたら 少し やっぱりしました。

③ ペットなら やっぱり ねこですね。

④ もっと やっぱり はなして ください。

問題3 ＿＿＿の ぶんと だいたい おなじ いみの ぶんが あります。①・②・③・④から
いちばん いい ものを ひとつ えらんで ください。

4 タバコは やめた ほうが いいですよ。

① タバコは まだ すった ほうが いいですよ。

② タバコは もう すわない ほうが いいですよ。

③ タバコは たくさん かった ほうが いいですよ。

④ タバコは あまり かわない ほうが いいですよ。

問題4 ＿＿★＿＿ に はいる ものは どれですか。①・②・③・④から いちばん いい ものを
ひとつ えらんで ください。

5 いそがしいと 思いますが ＿＿＿＿ ＿＿＿＿ ＿★＿ ＿＿＿＿ いいですよ。

① しない　　　② むりを　　　③ ほうが　　　④ あまり

✏️ 가타카나를 써 보자!

カレー 카레	カレー	
パスタ 파스타	パスタ	
コロッケ 크로켓	コロッケ	
ラーメン 라면	ラーメン	
ギョーザ 만두	ギョーザ	

✏️ 한자를 써 보자!

りょうり 料理 요리	料理		
ようしょく 洋食 양식	洋食		
ちゅうか 中華 중화	中華		
や　めし 焼き飯 볶음밥	焼き飯		
ぎゅうどん 牛丼 규동(쇠고기덮밥)	牛丼		

わからないことがあれば、何<rb>なん</rb>でも聞<rb>き</rb>いてください。

모르는 것이 있으면 뭐든지 물어보세요.

point

Track 4-09-01

坂本　ちょっと聞いてもいいですか。
　　　韓国語の宿題なんですけど。

梁　　はい、どうぞ。

坂本　これ、どうすればいいですか。
　　　考えれば考えるほどわからなくなって。

梁　　ええと、これは動詞だから、こういう風にすればいい
　　　んですよ。

坂本　ああ、なるほど。わかりました。
　　　やっぱり、ヤンさんしかいませんね。

梁　　わからないことがあれば、何でも聞いてください。

▶ **낱말과 표현**

聞く 묻다 │ **宿題** 숙제 │ **動詞** 동사 │ **こういう風に** 이런 식으로 │ **なるほど** 그렇군 │ **やっぱり** 역시, 아무래도 │
何でも 뭐든지

01 〜ば _{〜하면}

동사	어미(u단)를 e단으로 바꾸고 ば를 붙인다. する → すれば, くる → くれば みる → みれば, たべる → たべれば あう → あえば, のむ → のめば
い형용사	어미 い를 떼고 ければ를 붙인다. ない → なければ, おいしい → おいしければ
な형용사 명사	元気だ → 元気なら, 静かだ → 静かなら 犬 → 犬なら, 日本人 → 日本人なら

Tip

'〜ば'는 의미상 '〜たら'나 '〜と'와 겹치는 부분도 있지만 '성립 조건'을 나타내는 기능이 강합니다. 예를 들어 '天気が良ければ、山へ行きます'는 '날씨가 좋으면 산에 간다'는 뜻이지만, 뒤집어 생각해 보면 '날씨가 안 좋으면 산에 안 간다'는 의미가 포함되어 있다고 볼 수 있습니다. 이 기능은 물론 '〜たら'에도 있지만 '〜ば'를 쓰는 것이 더 '성립 조건'의 정도가 강해집니다.

| 예문 |

❶ 勝てば天国、負ければ地獄。 이기면 천국, 지면 지옥.

❷ 朝起きて、天気が良ければ運動をします。
아침에 일어나서 날씨가 좋으면 운동을 합니다.

❸ 安ければ買いますが、高ければ買いません。
(가격이) 싸면 사겠지만 비싸면 사지 않을 겁니다.

❹ 誰に聞けばいいですか。 누구에게 물어보면 됩니까?

→ 井上先生に聞けばわかりますよ。
이노우에 선생님에게 물어보면 알 수 있어요.

❺ 名古屋駅までどうやって行けばいいですか。
나고야역까지 어떻게 가면 됩니까?

Tip

예문④⑤처럼 '〜ば'는 해결 방법을 제시할 때도 많이 사용됩니다. 해결책을 구할 때 쓰는 표현으로 '〜ばいいですか(〜하면 됩니까?)'를 상투어처럼 외워 두는 것이 좋습니다.

▶ **낱말과 표현**

勝つ 이기다 | 天国 천국 | 負ける 지다 | 地獄 지옥 | 安い 싸다 | 高い 비싸다 | 誰 누구 | 駅 역 |
どうやって 어떻게 하면

학습 포인트

02　〜ば〜ほど 〜하면 〜할수록

» 【동사 · い형용사 기본형】 + ほど

する → すればするほど 하면 할수록

かわいい → かわいければかわいいほど 귀여우면 귀여울수록

» 【な형용사 어간】 + なほど

きれいだ → きれいならきれいなほど 예쁘면 예쁠수록

| 예문 |

❶ 夢は大きければ大きいほどいい。

꿈은 크면 클수록 좋다.

❷ 外国語は始めるのが早ければ早いほど、上達しやすい。

외국어는 시작이 빠르면 빠를수록 늘기 쉽다.

❸ 勉強すればするほど、成績が上がります。

공부하면 할수록 성적이 오릅니다.

❹ 知れば知るほど難しくなる。

알면 알수록 어려워진다.

Tip

한국어와 마찬가지로 '〜ば(〜하면)'를 생략할 수 있습니다.
夢は大きいほどいい。
꿈은 클수록 좋다.

▶ **낱말과 표현**

夢 꿈 | 大きい 크다 | 外国語 외국어 | 始める 시작하다 | 早い 빠르다 | 上達する 늘다, 숙달되다 | 成績 성적 |
上がる 오르다 | 知る 알다 | 難しい 어렵다

03 ～しかない ~(ㄹ 수)밖에 없다

» 【명사】+ しか～ない

これしかない → これしかありません 이것밖에 없습니다

男しかいない → 男しかいません 남자밖에 없습니다

漫画しか読まない → 漫画しか読みません 만화책밖에 읽지 않습니다

» 【동사 기본형】+ しかない

待つ → 待つしかない → 待つしかありません 기다릴 수밖에 없습니다

| 예문 |

❶ 財布の中に10円しかありません。

지갑 속에 10엔밖에 없습니다.

❷ この翻訳ができる人は先生しかいません。

이 번역을 할 수 있는 사람은 선생님밖에 없습니다.

❸ あの子は肉しか食べない。

저 아이는 고기밖에 안 먹는다.

❹ この材料では、カレーを作るしかないな。

이 재료로는 카레를 만들 수밖에 없군.

❺ 彼女が行けないなら、私が行くしかありません。

그녀가 갈 수 없다면 내가 갈 수밖에 없습니다.

▶ 낱말과 표현

漫画 만화 | 待つ 기다리다 | 財布 지갑 | 中 속, 안 | 翻訳 번역 | あの子 저 아이 | 肉 고기 | 材料 재료 |

カレー 카레 | 作る 만들다

▶ 아래 예와 같이 주어진 동사를 활용하여 문장을 완성해 봅시다.

예)

$\boxed{\overset{\text{がん ば}}{頑張る}}$ 　$\overset{\text{いっしょうけんめいがん ば}}{一生懸命頑張れば}$、いい$\overset{\text{けっ か}}{結果}$が$\overset{\text{で}}{出}$ますよ。

열심히 하면 좋은 결과가 나올 겁니다.

❶ $\overset{\text{き}}{聞く}$ 　$\overset{\text{せつめい}}{説明}$をしっかり＿＿＿＿＿＿＿＿＿＿、

わかりますよ。

❷ $\overset{\text{いそが}}{忙しい}$ 　＿＿＿＿＿＿＿＿＿＿、また$\overset{\text{こん ど いっしょ}}{今度一緒}$に

$\overset{\text{い}}{行}$きましょう。

❸ $\overset{\text{なら}}{習う}$ 　$\overset{\text{さ さ き せんせい}}{佐々木先生}$に＿＿＿＿＿＿＿＿＿＿、

$\overset{\text{に ほん ご}}{日本語}$が$\overset{\text{じょうたつ}}{上達}$しますよ。

❹ おいしい/ おいしくない 　＿＿＿＿＿＿＿＿＿＿$\overset{\text{た}}{食}$べますが、

＿＿＿＿＿＿＿＿＿＿$\overset{\text{た}}{食}$べません。

❺ かける/ かけない 　$\overset{\text{め がね}}{眼鏡}$を＿＿＿＿＿＿＿＿＿＿$\overset{\text{み}}{見}$えますが、

＿＿＿＿＿＿＿＿＿＿$\overset{\text{み}}{見}$えません。

▶ **낱말과 표현**

$\overset{\text{けっ か}}{結果}$が$\overset{\text{で}}{出る}$ 결과가 나오다 │ $\overset{\text{せつめい}}{説明}$ 설명 │ しっかり 제대로, 확실히 │ $\overset{\text{いそが}}{忙}$しい 바쁘다 │ $\overset{\text{こん ど}}{また今度}$ 다음에 또 │
$\overset{\text{いっしょ}}{一緒}$に 같이 │ $\overset{\text{なら}}{習う}$ 배우다 │ $\overset{\text{め がね}}{眼鏡}$をかける 안경을 쓰다 │ $\overset{\text{み}}{見}$える 보이다

▶ 아래 예와 같이 문장을 완성해 봅시다.

예)

働（はたら）けば働（はたら）くほど、お金（かね）が入（はい）って来（き）ます。

일하면 일할수록 돈이 들어옵니다.

働（はたら）く

❶

会（あ）えない時間（じかん）が＿＿＿＿＿＿＿＿＿＿＿＿＿＿、

もっと会（あ）いたくなります。

長（なが）い

❷

イカは＿＿＿＿＿＿＿＿＿＿＿＿＿＿＿＿、

味（あじ）が出（で）ます

噛（か）む

❸

相手（あいて）が＿＿＿＿＿＿＿＿＿＿＿＿＿＿、

とうしが沸（わ）いてきます。

強（つよ）い

❹

重（おも）いものを＿＿＿＿＿＿＿＿＿＿＿＿＿＿、

筋肉（きんにく）が付（つ）きます。

運（はこ）ぶ

▶ 낱말과 표현

働（はたら）く 일하다 | 入（はい）って来（く）る 들어오다 | 長（なが）い 길다 | 噛（か）む 씹다 | イカ 오징어 | 味（あじ）が出（で）る 맛이 나다 | 強（つよ）い 강하다 |
相手（あいて） 상대 | 闘志（とうし）が沸（わ）く 투지가 끓어오르다 | 運（はこ）ぶ 나르다. (짐을) 옮기다 | 重（おも）い 무겁다 | 筋肉（きんにく）が付（つ）く 근육이 붙다

▶ 아래 예와 같이 문장을 완성해 봅시다.

예)

1 | 물

冷蔵庫の中には、<u>水しかありません</u>。
냉장고 안에는 물밖에 없습니다.

2 | 마시다

ジュースがないので、<u>水を飲むしかありません</u>。
주스가 없으므로 물을 마실 수밖에 없습니다.

❶ | 대학교

漫画学を学べるのは、この_____。

❷ | 고양이

部屋には、_____。

❸ | 묻다

答えを見てもわからないので、
先生に_____。

❹ | 돌아가다

夜遅いので、歩いて_____。

▶ **낱말과 표현**

冷蔵庫 냉장고 | 水 물 | 漫画学 만화학 | 学ぶ 배우다 | 部屋 방 | 答え 답 | 夜遅い 밤늦다 | 歩く 걷다

▶ 주어진 질문에 예와 같이 대답해 봅시다.

① 気分がとてもゆううつなとき、どうすればいいですか。

예) シャワーをすれば気分がすっきりしますよ。

_____

② どうすれば日本語が上手になりますか。

예)「チョアヨ日本語」で勉強すれば、上手になりますよ。

_____

③ 大きければ大きいほど、いいものは何ですか。

예) 部屋は大きければ大きいほどいいです。

_____

④ たくさんあればあるほど/いればいるほど、いいものは何ですか。

예) A⁺は、たくさんあればあるほど、いいです。

_____

▶ 낱말과 표현

憂鬱だ 우울하다 | **シャワー** 샤워 | **すっきりする** 개운해지다 | **たくさん** 많이

私_{わたし}の悩_{なや}み①

Track 4-09-02

私_{わたし}はダイエットで悩_{なや}んでいます。やせている友達_{ともだち}に、どうすればやせるのかと聞_きくと、友達_{ともだち}は「何_{なに}もしなくても勝手_{かって}にやせる」と言_いいます。そんなわけありません。それはその友達_{ともだち}の体質_{たいしつ}がそうなだけです。友達_{ともだち}は、「じゃあ、運動_{うんどう}すればやせるよ」と言_いいます。そんなことはわかっていますが、簡単_{かんたん}なことではありません。

その友達_{ともだち}は逆_{ぎゃく}にやせすぎで悩_{なや}んでいて、どうすれば太_{ふと}るのかと聞_きいてきます。何_{なに}それ。太_{ふと}るのは簡単_{かんたん}でしょ？だって「食_たべれば食_たべるほど太_{ふと}る」わけですから。でも、友達_{ともだち}はいくら食_たべても太_{ふと}らないそうです。これって当_あて付_つけですよね？私_{わたし}は野菜_{やさい}しか食_たべなくても太_{ふと}ってしまうというのに。ああ、この体質_{たいしつ}の違_{ちが}い！友達_{ともだち}が本当_{ほんとう}にうらやましいです。

やっぱりもう運動_{うんどう}するしかありませんね。ジムに通_{かよ}ってトレーナーの指導_{しどう}を受_うけようかな？イケメンのトレーナーと一緒_{いっしょ}に運動_{うんどう}すれば、すぐにやせられるかな。よし、じゃあ、今_{いま}からイケメンのトレーナーしかいないことで有名_{ゆうめい}な駅前_{えきまえ}の「スマートフィットネス」に行_いってみます。

▶ 낱말과 표현

悩_{なや}み 고민 | ダイエット 다이어트 | 悩_{なや}む 고민하다 | やせている 날씬하다, 말랐다 | やせる 살 빼다, 살 빠지다 |
勝手_{かって}に 제멋대로 | 言_いう 말하다 | そんなわけない 그럴 리가 없다 | 体質_{たいしつ} 체질 | そうだ 그렇다 | 運動_{うんどう} 운동 |
逆_{ぎゃく}に 역으로, 반대로 | 太_{ふと}る 살찌다 | わけ 도리 | いくら 아무리 | 当_あて付_つけ 비꼬아 말함 | 違_{ちが}い 차이, 상이점 |
うらやましい 부럽다 | ジム 헬스장 | 通_{かよ}う 다니다 | トレーナー 트레이너 | 指導_{しどう}を受_うける 지도를 받다 |
イケメン 잘생긴 남자 | すぐに 바로, 금방 | よし 좋아, 자, 그래 | 駅前_{えきまえ} 역 앞 | スマート 스마트 |
フィットネス 피트니스

▶ [읽기 연습]을 참고하여 자신이나 친구의 고민을 해결하는 방법에 대해 써 봅시다.

問題1 （　　　）に なにを いれますか。①・②・③・④から いちばん いい ものを ひとつ えらんで ください。

1 駅まで どうやって （　　　） いいですか。

① 行くし　　　　② 行けば　　　　③ 行くなら　　　④ 行かなければ

2 いそがしければ （　　　） ほど 余裕を 持ちなさい。

① いそがし　　　② いそがしい　　③ いそがしく　　④ いそがしさ

3 こうなったら、もう さんせいする （　　　） ないですね。

① だけ　　　　　② のみ　　　　　③ しか　　　　　④ くらい

問題2 つぎの ことばの つかいかたで いちばん いい ものを ①・②・③・④から ひとつ えらんで ください。

4 まだ

① まだ 明日 会いましょう。　　　　② 走れば まだ まにあいます。

③ おそくまだ 勉強しました。　　　　④ まだ 私から 話しますね。

問題3 ★ に はいる ものは どれですか。①・②・③・④から いちばん いい ものを ひとつ えらんで ください。

5 がんばれば＿＿＿＿ ＿＿★＿＿ ＿＿＿＿ ＿＿＿＿なります。

① よく　　　　　② がんばる　　　③ せいせきは　　④ ほど

134

일본 문화 탐방

▶ 추천 일본 애니메이션 〈이웃집 토토로〉

〈이웃집 토토로(となりのトトロ)〉는 스튜디오 지브리가 제작한 장편 애니메이션입니다. 일본에서 1988년 4월 16일 처음 공개되었으며, 감독은 미야자키 하야오(宮崎駿), 음악은 히사이시 조(久石讓)가 맡았습니다.

1950년대 초반의 일본의 한 시골을 무대로 하는 판타지물로, 어머니의 요양을 위해 시골 마을로 이사 온 사랑스러운 사쓰키와 메이 자매가 신비로운 숲의 정령 토토로와 만나게 되는 이야기를 아름답게 전개합니다. 아이들의 순수한 동심을 통해서만 만나게 되는 토토로와 고양이 버스는, 비록 애니메이션이지만 어른, 아이 구분 없이 몇 번을 보아도 큰 감동을 자아내며, 자연과 인간의 소통이라는 기본 정서를 따뜻한 터치로 잘 그려내고 있습니다.

〈이웃집 토토로〉의 앙증맞고 귀여운 캐릭터와 더불어 또 하나 주목받는 것은, 장면과 너무나 잘 어울리는 음악입니다. 음악 감독을 맡은 히사이시 조는 미야자키 감독의 작품 대부분을 같이하면서 작품이 지닌 의미와 가치를 더욱 높여주었습니다. 〈이웃집 토토로〉의 주제가는 미야자키 감독이 직접 가사를 썼습니다. "비 오는 날 버스정류장에 흠뻑 젖은 도깨비가 있다면 당신의 우산을 씌워 주세요."라는 밝고 명랑한 주제가가 흐르면서 영화는 끝이 납니다.

이 작품은 80년대 최고의 애니메이션으로 꼽히면서 1988년 제31회 블루 리본상 특별상, 1988년 키네마준보 영화상 최우수 일본영화, 1989년 마이니치영화 콩쿠르 일본영화대상(작품상) 등을 수상하였으며, 일본인이 가장 많이 본 애니메이션이자 교육상으로도 반드시 보아야 할 작품으로 알려져 있습니다.

한국에서는 2001년 개봉되어 큰 호평을 받았습니다. 르몽드의 장-프랑수와 로제는 '일본 애니메이션의 재발견'이라는 제목으로 "자연의 신비로움과 심오함을 어린이의 꿈에 제대로 대입하였다"라고 했고, 리베라시옹의 미셸 루드 비치는 "이 놀라운 영화를 아이들뿐만 아니라 어른들에게도 추천한다"라고 했습니다. 아직 보지 못한 분들이 있다면, 이번 기회에 꼭 보기를 추천합니다.

✏️ 가타카나를 써 보자!

ダイエット 다이어트	ダイエット	
スポーツジム 헬스장	スポーツジム	
フィットネス 피트니스	フィットネス	
トレーニング 트레이닝	トレーニング	
シャワー 샤워	シャワー	

✏️ 한자를 써 보자!

べんきょう 勉強 공부	勉強		
よしゅう 予習 예습	予習		
しゅくだい 宿題 숙제	宿題		
しけん 試験 시험	試験		
せいせき 成績 성적	成績		

歩いて何分かかるか
わかりますか。

걸어서 몇 분 걸리는지 압니까?

point

Track 4-10-01

遠藤 今日は本当に暑いですね。

裵 ニュースによると、今日は今年一番の暑さだそうですよ。

遠藤 じゃあ、早く行きましょう。
駅まで、歩いて何分かかるかわかりますか。

裵 ええと、15分くらいですね。次の電車がちょうど15分
後に発車ですから、急ぎましょう。

遠藤 この暑さだと、15分で行けるかどうかわかりませんよ。

裵 そうですね。じゃあ、駅までタクシーに乗りましょうか。

▶ **낱말과 표현**

暑い 덥다 | **ニュース** 뉴스 | **今年** 올해 | **一番** 제일, 최고 | **暑さ** 더위 | **かかる** 걸리다 | **次** 다음 |
ちょうど 딱, 마침 | **〜後** 〜후 | **発車** 발차, 출발 | **急ぐ** 서두르다 | **タクシー** 택시

138

01 ～か ～ㄹ/ㄴ/는지

≫ 【보통체 접속(명사 · な형용사 어간)】 + か

| 예문 |

❶ 何時ごろ空港に着くか、後で教えてください。

몇 시쯤에 공항에 도착할지 나중에 알려 주세요.

❷ この料理はどうやって作るかわかりません。

이 요리는 어떻게 만드는지 모르겠습니다.

❸ 昨日どんな話をしたか、まったく覚えていません。

어제 무슨 이야기를 했는지 전혀 기억나지 않습니다.

❹ どれくらい辛いか、味を見てみよう。

얼마나 매운지 맛을 보자.

❺ どんな食べ物が好きか、当ててみて。

어떤 음식을 좋아하는지 맞혀 봐.

❻ 彼がどんな人か知っていますか。

그가 어떤 사람인지 알고 있습니까?

▶ **낱말과 표현**

空港 공항 | 着く 도착하다 | 後で 나중에 | 教える 가르치다, 알리다 | まったく 전혀 | 覚えていない 기억나지 않다 |
どれくらい 얼마나, 어느 정도 | 辛い 맵다 | 味を見る 맛을 보다 | 当てる 맞히다

02 ～かどうか ～ㄹ/ㄴ/는지 안 ～ㄹ/ㄴ/는지

❶ 試験を受けるかどうか、まだ決めていません。

시험을 칠지 안 칠지 아직 정하지 않았습니다.

❷ お口に合うかどうかわかりませんが、召し上がってください。

입에 맞을지 어떨지 모르겠지만 드셔 보세요.

❸ メールがちゃんと届いたかどうか、返事がないので心配です。

메일이 확실히 갔는지 안 갔는지 답장이 없어 걱정입니다.

❹ おいしいかどうか、実際に店に行って確かめて来ます。

맛있을지 어떨지 실제로 가게에 가서 확인하고 오겠습니다.

❺ その時計が本物かどうか、あやしい。

그 시계가 진품인지 아닌지 의심스럽다.

▶ **낱말과 표현**

試験を受ける 시험을 치다 | **決める** 정하다 | **(お)口に合う** 입에 맞다 | **召し上がる** 드시다 |
ちゃんと 제대로, 확실히 | **届く** (보낸 것이) 전달되다 | **返事** 답장 | **心配** 걱정 | **実際に** 실제로 | **店** 가게 |
確かめる 확인하다 | **本物** 진품 | **あやしい** 의심스럽다

03 　～さ ～함/이(형용사의 명사화)

» 형용사 어간 + さ

つよい → つよさ 세기　　※いい → よい → よさ 좋음

親切だ → 親切さ 친절함
しんせつ　　しんせつ

| 예문 |

❶ 私の家の広さは、庭を含めて60坪くらいです。
わたし　いえ　ひろ　　　　にわ　ふく　　　　　　つぼ

　제 집의 넓이는 마당을 포함해 60평 정도입니다.

❷ 彼のすごさは、会ってみないとわからない。
かれ　　　　　　あ

　그의 대단함은 만나 보지 않으면 모른다(만나 봐야 알 수 있다).

❸ どこで働いても、大変さは同じです。
はたら　　　　　たいへん　　おな

　어디서 일하든 힘든 정도는 같습니다.

❹ 生活の便利さでは、ソウルは世界一だと思います。
せいかつ　べんり　　　　　　　　せかいいち　　おも

　생활의 편리함 면에서는 서울은 세계 최고라고 생각합니다.

Tip

형용사를 명사화시키는 표현으로는 '～み'도 있지만 '～み'가 한정된 단어에만 붙는 반면, '～さ'는 외래어를 포함한 대부분의 형용사에 붙습니다. 또한 '～さ'가 그 형용의 '정도'를 나타내는 데 반해 '～み'는 어떤 대상에 대해 그 형용의 '측면'이 있다는 것을 나타냅니다.

この川は深さが1.5メートルくらいある。이 강은 깊이가 1.5미터 정도 된다. (정도)
かわ　ふか

あの人は深みのある人だ。저 사람은 깊이가 있는 사람이다. (측면)
ひと　ふか　　　　ひと

▶ **낱말과 표현**

広さ 넓이 | 庭 마당 | 含める 포함하다 | ～坪 ～평 | すごさ 대단함 | 働く 일하다 | 大変さ 힘든 정도 |
ひろ　　　にわ　　ふく　　　　　　　つぼ　　　　　　　　　　　　はたら　　　　　　たいへん

生活 생활 | 便利さ 편리함 | ソウル 서울 | 世界一 세계 최고 | 深さ 깊이
せいかつ　　べんり　　　　　　　　　　せかいいち　　　　　ふか

▶ 아래 예와 같이 문장을 완성해 봅시다.

예)

> | 몇 시에
시작되는지 |

授業が <u>何時に始まるか</u>、知っていますか。

수업이 몇 시에 시작되는지 알고 있습니까?

❶ | 무엇을 살지 |

プレゼントに＿＿＿＿＿＿＿＿＿＿＿＿、

決めましたか。

❷ | 얼마나
어려운지 |

この問題、＿＿＿＿＿＿＿＿＿＿＿＿、

やってみたらわかりますよ。

❸ | 몇 명
모였는지 |

昨日の会食、＿＿＿＿＿＿＿＿＿＿＿＿、

聞きましたか。

❹ | 어느 쪽이
(누가) 형인지 |

この二人、＿＿＿＿＿＿＿＿＿＿＿＿、

わかりますか。

▶ **낱말과 표현**

決める 정하다 ｜ 問題 문제 ｜ どれほど 얼마나 ｜ 難しい 어렵다 ｜ やってみる 해 보다 ｜ 会食 회식 ｜ 何人 몇 명 ｜
集まる 모이다 ｜ どっち 어느 쪽 ｜ 兄 형

▶ 아래 예와 같이 문장을 완성해 봅시다.

예)

おいしい

あそこのラーメンは、<u>おいしいかどうか</u>わかりません。

저 집 라면은 맛있을지 어떨지 모르겠습니다.

❶

来る

明日のパーティーに、彼女が＿＿＿＿＿＿＿、

わかりません。

❷

留学生

あの人が＿＿＿＿＿＿＿＿＿＿＿、

わかりません。

❸

合っている

この答えが、＿＿＿＿＿＿＿＿＿＿、

わかりません。

❹

面白い

この映画は見たことがないので、

＿＿＿＿＿＿＿＿＿＿＿、わかりません。

▶ **낱말과 표현**

あそこ 저기 | おいしい 맛있다 | パーティー 파티 | 留学生 유학생 | 答え 답 | 合っている 맞다 |
面白い 재미있다

▶ 아래 예와 같이 문장을 완성해 봅시다.

예)

このお菓子の<u>おいしさ</u>を、みんなに伝えたいです。

이 과자의 맛있음을 모두에게 전하고 싶습니다.

❶ 富士山の＿＿＿＿＿＿＿＿は、3,776メートルです。

❷ 生活の＿＿＿＿＿＿＿＿は、ソウルも東京もあまり変わらない。

❸ この映画の＿＿＿＿＿＿＿＿は、見た人にしかわかりません。

❹ 北海道は、夏は涼しくていいですが、冬は＿＿＿＿＿＿＿＿が
厳しくて大変だ。

❺ この本を読むと、平和の＿＿＿＿＿＿＿＿がよくわかります。

高い　寒い　(おいしい)　素晴らしい　大切だ　便利だ

▶ 낱말과 표현

お菓子 과자 | みんな 모두 | 伝える 전하다 | メートル 미터 | 変わらない 다르지 않다 | 夏 여름 |
涼しい (기온, 공기 등이) 시원하다 | 冬 겨울 | 厳しい 엄하다, 혹독하다 | 平和 평화 | 寒い 춥다 |
素晴らしい 훌륭하다 | 大切だ 소중하다 | 便利だ 편리하다

▶ 주어진 질문에 예와 같이 대답해 봅시다.

① アルバイトを始める前に、知りたいことはどんなことですか。

예) 時給がいくらか知りたいです。／
土日は休めるかどうか知りたいです。

_____

② 大学や会社に入る前に、気になったことはどんなことですか。

예) 社長がどんな人か気になりました。／
シャトルバスがあるかどうか気になりました。

_____

③ 韓国の乗り物・建物・山・川などの速さ・高さ・長さ・広さについて教えてください。

예) ハンラ山の高さは1,947メートルです。

_____

▶ 낱말과 표현

アルバイト 아르바이트 | 始める 시작하다 | ～前に ～하기 전에 | 時給 시급 | いくら 얼마 | 土日 토요일과 일요일 |
休む 쉬다 | 入る 들어가다 | 気になる 궁금하다 | 社長 사장(님) | シャトルバス 셔틀버스 | 乗り物 탈것 |
建物 건물 | 山 산 | 川 강 | 湖 호수 | ～など ～등 | 速さ 빠름, 속도

読기 연습 ······ Reading

私の悩み②

Track 4-10-02

3年間続けているハンバーガー屋のアルバイトを辞めるかどうか、悩んでいます。時給はまあまあいいし、店長もいい人なのですが、仕事が多くて大変なんです。その大変さはたぶんハンバーガー屋で働いたことがある人にしかわからないと思います。

「だったら辞めればいいじゃない？」と家族や友達は言いますが、その大変さや忙しさを知っているので、他のアルバイトの人たちや店長に申し訳ないと思って、なかなか辞めたいと言えません。

それから、大学を卒業したら留学するかどうかも、悩んでいます。就職を考えていましたが、昔からの夢だった海外留学にも行ってみたいんです。ただ、両親が許してくれるかどうかわかりません。話してみて、許してくれたら、どこの国に行くか決めたいと思います。

▶ 낱말과 표현

~年間 ~년간 | **続ける** 계속하다 | **ハンバーガー屋** 햄버거 가게 | **辞める** (일을) 그만두다 | **悩む** 고민하다 |

まあまあ 그런대로 | **店長** 점장(님) | **だったら** 그렇다면 | **他の** 다른 | **申し訳ない** 죄송하다 | **なかなか** 좀처럼 |

それから 그리고 | **就職** 취직 | **昔** 옛날 | **海外留学** 해외유학 | **ただ** 다만 | **両親** 부모(님) | **許す** 허락하다 | **国** 나라

146

▶ [읽기 연습]을 참고하여 망설이고 있는 일에 대해 써 봅시다.

問題1 (　　　)に なにを いれますか。①・②・③・④から いちばん いい ものを ひとつ えらんで ください。

1 明日までに、しゅっせきするか (　　　) おしえて ください。

①　どうか 　　　②　どうにか 　　　③　どうして 　　　④　どのように

2 きのう、何を (　　　) 思い出せますか。

①　食べるか 　　　②　食べたか 　　　③　食べようか 　　　④　食べて いるか

3 この ビルは、(　　　) が 100mくらい ありますね。

①　たかい 　　　②　たかみ 　　　③　たかく 　　　④　たかさ

問題2 _____の ぶんと だいたい おなじ いみの ぶんが あります。①・②・③・④から いちばん いい ものを ひとつ えらんで ください。

4 車が すごい はやさで はしって います。

①　車が ふつうに はしって います。

②　車が すこし ゆっくり はしって います。

③　車が そくどを おとして はしって います。

④　車が かなり スピードを だして はしって います。

問題3 ★ に はいる ものは どれですか。①・②・③・④から いちばん いい ものを
ひとつ えらんで ください。

5 みせの かんばんを 見ただけで＿＿＿ ＿＿＿ ★ ＿＿＿わかります。

① みせが　　　　 ② どうか　　　　③ おいしいか　　 ④ その

✎ 가타카나를 써 보자!

ハンバーガー 햄버거	ハンバーガー	
アイスコーヒー 아이스커피	アイスコーヒー	
フライドポテト 감자튀김	フライドポテト	
チキンナゲット 치킨너겟	チキンナゲット	
コーンスープ 콘수프	コーンスープ	

✎ 한자를 써 보자!

しごと 仕事 일	仕事		
かいしゃ 会社 회사	会社		
しゅうしょく 就職 취직	就職		
めんせつ 面接 면접	面接		
きゅうりょう 給料 급여	給料		

부록

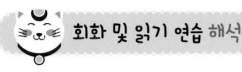

1과

▶ 회화

안	아까 프레젠테이션, 설명이 이해하기 쉬워서 좋았어요.
오카다	고맙습니다. 안 상도 다음 주 프레젠테이션이죠?
안	네, 지금 자료를 만들고 있는데 소프트를 사용하기 불편해서…
오카다	이 새로운 소프트 알고 있어요? 정말 사용하기 편해요.
안	흠… 좋네요. 그럼 저 대신에 자료 만들어 주세요!
오카다	진심으로 말하는 거예요?
안	농담이에요. 어떻게 사용하는지 가르쳐 주세요.

▶ 읽기 연습

한국어의 공부하기 쉬운 점, 어려운 점

한국어는 일본어와 비슷해서 공부하기 쉽습니다. 그래도 발음은 어렵고, 특히 받침은 발음하기 어렵습니다. 게다가 일본어에 없는 모음은 알아듣기 힘듭니다. 경어나 반말 등 상황에 따라 말투를 바꾸는 것은 어렵지만 그 점은 일본어와 같기 때문에 습득하기 쉽다고 생각합니다.

우리 학과에서는 외국어 과목을 영어만 이수해도 되지만 2학년부터는 영어 대신 한국어나 중국어를 선택할 수도 있습니다. 영어는 잘 못하고 중국어는 발음이 어려울 것 같아서 저는 한국어를 선택했습니다. 하지만 한국어 발음도 이렇게 어렵다니……

아, 참. 지난번에 한국어능력시험에 도전해서 합격했습니다(급은 비밀). 1학기 수업에서 선생님께서 문제를 푸는 방법을 알기 쉽게 가르쳐 주신 덕분입니다. 시험은 해법에 익숙해지면 그다지 어렵지 않습니다. 문제는 회화입니다. 선생님과 한국어로 자유롭게 대화를 나눌 수 있도록 앞으로도 노력하겠습니다.

2과

▶ 회화

송	아~ 만약 내가 선생님이었다면 시험 같은 거 안 볼 텐데요.
오가와	왜 그래요? 갑자기?
송	오늘 시험에서 실수를 해 버렸거든요.
오가와	그래요? 그래도 다음에는 분명 괜찮을 거예요. 자신감을 가져요.
송	오가와 씨 목소리를 들으니까 왠지 힘이 나기 시작했어요. 내일 시험 열심히 할게요.
오가와	그럼 시험이 끝나면 같이 놀러 갑시다!

▶ 읽기 연습

장래의 꿈

졸업하면 대학원에 진학해서 우주 공학을 연구할 생각입니다. 우주 공학을 공부해서 NASA에 취직하고 싶습니다. 가능하면 30세쯤까지 결혼하고 싶습니다. 결혼하면 아이를 많이 갖고 싶습니다.

장래에는 독립해서 화성 이주 계획 회사를 설립하고 싶습니다. 회사를 설립하면 죽기 전까지는 화성에 가고 싶습니다. 만약에 화성에 이주할 수 있게 되면, 가족 모두 이주하고 싶습니다.

만약 화성 이주 계획에 실패하고 만다면 달 이주 계획으로 변경할 겁니다. 아무튼 노후에는 달이나 화성에 집을 짓고 지구를 바라보면서 지내고 싶습니다.

제가 달이나 화성으로 이주에 성공한다면, 그 다음으로는 아이들이 다른 행성에 가 줄 거라고 믿고 있습니다.

3과

▶ 회화

후지타	어? 창문이 열려 있네요.
유	죄송해요. 제가 열어 두었어요. 조금 이상한 냄새가 나서.
후지타	그래요? 그럼 잠시 더 열어 놓을까요?
유	아뇨, 이제 냄새도 안 나니까 닫아 주세요.

후지타　네. 어라? 제대로 안 닫히네요.
유　　　이상하군요. 어제 고쳐 놓았는데(말이죠).

▶ 읽기 연습

어머니가 남긴 메모
집에 왔더니 어머니가 남긴 메모가 있었습니다. 읽기 전에 조금 불길한 예감이 들었습니다.
"생일 축하해! 오늘 저녁에 파티를 할 거야! 손님도 많이 올 거니까 내가 집에 오기 전에 준비해 놓을 것.
1. 방 청소를 해 놓을 것(특히 화장실은 깨끗하게 해 놓을 것).
2. 창고에 있는 음료수나 맥주를 모두 다 냉장고에 넣어 놓을 것.
3. 요리에 사용할 쇠고기를 냉동실에서 꺼내 놓을 것.
4. 쌀을 씻어 놓을 것(10홉!).
5. 붙박이장에서 탁자를 꺼내서 거실 중앙에 놓아둘 것.
이상! 사실은 내가 준비해 놓으려고 했는데, 급한 볼일이 생겨서…… 미안해. 그래도 자기 생일 파티인데 괜찮겠지? 그럼 부탁해♡"
불길한 예감은 맞았습니다. 내 생일 파티인데 이렇게 일을 해야 한다니! 그래도 결국 제대로 준비했습니다.

4과

▶ 회화

고토　홍 군, 내일 뭔가 예정이 있어?
홍　　아, 선배. 내일은 시험 공부를 하려고 해요.
고토　그럼, 같이 하자. 나도 다음 주 시험이니까.
홍　　좋네요. 서로 모르는 부분이 있으면 물어볼 수도 있고, 그죠?
고토　응, 그렇지. 몇 시로 할까?
홍　　저는 아침부터 공부할 생각인데요.
고토　그럼 9시에 역 앞에서 만나서 근처 카페로 가자.

▶ 읽기 연습

졸업 후의 계획
저는 내년 3월에 대학을 졸업할 예정입니다. 지금은 졸업 논문을 열심히 쓰고 있습니다. 졸업하면 우선 고향 집에 돌아가서 조금 쉬려고 (생각)합니다. 2년 동안 고향 집에 돌아가지 않았기 때문에 먹고 싶은 것도 많이 있고, 하고 싶은 일도 있습니다. 한 달 정도 느긋하게 보낸 후, 대학원에 들어갈 준비를 하려고 생각합니다. 아직 결정하지 않았지만, 미국의 대학원에 원서를 낼 생각입니다.
대학에서는 심리학을 전공하고 있고, 지금 논문을 쓰고 있지만 미국의 대학원에서도 심리학을 전공할 생각입니다. 논문을 쓰는 것은 매우 힘들지만, 쓰면서 "더 공부하자"라고 생각하게 되었습니다. 일본의 대학원도 생각했지만 아무래도 심리학의 본고장은 미국입니다. 또한, 미국에서 공부하는 것이 저의 어릴 때부터의 꿈이었습니다.
하지만, 논문도 완성되지 않았고, 대학원 시험에도 붙을지 안 붙을지 알 수 없습니다. 아직 나중의 일이지만 꿈이 이루어지도록 노력하려고 합니다.

5과

▶ 회화

전　　　　제법 따뜻해졌군요.
무라카미　응. 봄다운 날씨네. 어, 이 파스타 가게 굉장히 사람이 많네.
전　　　　여기는 인기 있는 가게라 점심때가 되면 항상 손님으로 가득합니다.
무라카미　음… 좋아. 그래도 역시 지금은 한국다운 것이 먹고 싶은데.
전　　　　좀 더 가면 찌개 요리 가게가 있어요.
무라카미　응. 그럼 거기로 하자.

▶ 읽기 연습

사계의 나
봄이 되어 따뜻해지면 밖에 놀러 나가고 싶어집니다. 근처의 공원은 벚꽃이 피기 시작하면 상춘객으로 가득해집니다. 벚꽃나무 아래에서 마시는 술, 이것이 또 최고! 평소에

술을 많이 마시지 않는 저도 벚꽃 구경하러 가면 마시고 싶어져 버립니다.

여름이 오고 장마철이 되면 바싹한 튀김을 먹고 싶어집니다. 장마가 지나면 본격적인 여름입니다. 바다로 나가서 마음껏 놀고 싶어지네요. 해수욕이나 여름 축제에 가면 반드시 먹는 것이 야키소바와 빙수! 포장마차 음식이 그리워지는 계절입니다.

가을이 되면, 꽁치나 밤을 먹고 싶어집니다. 아, 뭔가 음식 이야기만(하고 있네요)······. 음식 이외에도 저는 가을다운 풍경을 너무 좋아해서, 은행나무 가로수와 단풍, 높은 하늘과 밤하늘에 뜬 달 등을 보면 황홀해집니다.

겨울은 가장 지내기 힘들고, 추워지면 기분도 가라앉습니다. 그래도 괜찮습니다. 겨울에는 냄비 요리가 있으니까요. 추운 겨울에 따뜻한 냄비 요리를 먹으면, 마음도 따뜻해지고, 그리고 잠이 옵니다. 저에게 있어 겨울은 냄비 요리와 잠의 계절이랍니다.

6과

▶ 회화

곤도　내일 시험인데 공부 안 해도 되는 거예요?

고　아, 내일 시험은 다음 주로 연기되어서 괜찮아요.

곤도　그래요? 그래도 게임만 하고 있어도 괜찮아요?

고　아뇨, 슬슬 시작할 거예요. 일등을 하기 위해서 열심히 해야죠.

곤도　저도 다음 주 한국어 시험이 있어서 공부하고 있어요.

고　모르는 것이 있으면 물어보세요. 곤도 씨를 위해서라면 언제든지 협조할게요.

▶ 읽기 연습

최근에 있었던 일

지난 일요일, 날씨가 너무 좋아서 가족과 함께 바다에 드라이브하러 갔습니다. 조금이라도 바닷속에 들어가 보고 싶었지만, 차가울 것 같아서 말았습니다. 그런데 들어가 있는 사람도 몇 명 있었습니다. 이제 11월인데 춥지 않은 걸까?

바닷가에는 유명한 횟집이 많이 있기 때문에 가장 인기 있는 가게를 인터넷으로 찾아 거기에 들어갔습니다. 그 가게는 손님을 기쁘게 하기 위해서 많은 서비스를 해 주는 것으로 유명하다고 합니다. 생선회 맛도 괜찮았지만, 아무튼

서비스가 대단하고, 주문도 하지 않았는데 잇달아 요리가 나와서 놀랐습니다.

귀갓길은 피곤해서 운전기사인 아버지 빼고 모두 차 안에서 잠들고 말았습니다. 집에 도착하자 어머니가 중국집 배달을 시켰습니다. 아까 그렇게 많이 먹었는데, 저녁도 배부르게 먹었습니다. 우리에게 있어서 일요일은 배불리 실컷 먹기 위해서 있는 날인지도 모르겠습니다.

7과

▶ 회화

문　짐이 좀 너무 많지 않나요? 2박 3일 맞죠?

이시이　네, 그래도 모두 필요한 것이라서.

문　우산은 필요 없을 것 같은데요.

이시이　그래도 혹시나 비가 올지도 모르니까요.

문　코트도 필요해요?

이시이　혹시 갑자기 추워질지도 모르니까 말이죠.

문　그렇게 걱정만 하고 있으면 여행이 재미없어져요.

▶ 읽기 연습

걱정이 많은 성격

저는 '소심하다'는 소리를 자주 듣습니다. 늘 걱정만 하고 있기 때문입니다. 다른 사람이 보면 별것도 아닌 것을 오랫동안 생각해 버립니다. 뭔가 말하고 난 후에 '어쩌면 내가 한 말이 그녀에게 상처를 줬을지도···'라든지, '혹시 저 아이의 기분을 상하게 했을지도···'라고 생각하곤 합니다.

인간관계 이외에도 예를 들어 '갑자기 비가 올 수도 있다'고 생각해서 항상 우산을 가방에 넣고 다닙니다. 또한 '갑자기 추워질 수도 있다'고 생각해서 항상 외투를 갖고 나갑니다. '지진이 일어나 버스가 멈출지도 모른다'고도 생각하기 때문에 걸어서 집에 갈 수 있게끔 항상 운동화를 신고 다닙니다.

친구나 가족들에게는 "걱정이 너무 심해"라든지 "지나친 생각이야"라는 소리를 자주 듣습니다. 고치려고 하는데 좀처럼 고쳐지지 않습니다. 이것은 성격이기 때문에 어쩔 수 없을지도 모르겠네요.

8과

▶ 회화

손   어디 나가려고요?

사이토   네, 친구를 만나러 가려고요.

손   나갈 거라면 우산을 가져가는 편이 좋아요.

사이토   그러고 보니 하늘이 흐리네요. 그럼 가져가기로 할게요.

손   그리고, 비 오는 밤길은 위험하니까 너무 늦지 않는 것이 좋을 거예요.

사이토   그렇네요. 조심할게요.

▶ 읽기 연습

일본어 공부를 할 거라면

일본어를 공부할 거라면 빨리 시작하는 편이 좋습니다. 어학은 젊은 사람이 (더) 습득하기 쉽기 때문입니다. 저는 조금이라도 한국어를 잘할 수 있게 내년에는 한국에 유학하기로 했습니다. 제대로 어학을 습득하려면 원어민과 많이 이야기할 기회를 만드는 것이 좋기 때문입니다.

한자 공부라면 만화를 읽는 것이 제가 추천하는 공부법입니다. 만화라면 역시 〈도라에몽〉일까? 한자에 익숙해진다면 소설을 읽어 보는 것도 괜찮다고 생각합니다. 소설이라면 나쓰메 소세키를 추천합니다. 그런데 처음에는 조금 어려울 수도 있기 때문에 너무 무리하지 않는 것이 좋다고 생각합니다.

듣기 연습이라면 뭐니 뭐니 해도 유튜브! 최근에는 여러 분야의 사람들이 많은 동영상을 업로드하고 있습니다. 자신의 관심사에 딱 맞는 동영상을 찾을 수 있을 테니, 빨리 일본어가 능숙해지고 싶다면 유튜브를 활용하는 것이 좋다고 생각합니다.

9과

▶ 회화

사카모토   잠깐 물어봐도 될까요? 한국어 숙제인데요.

양   네, 물어보세요.

사카모토   이거 어떻게 하면 돼요? 생각하면 할수록 이해가 안 돼요.

양   음… 이건 동사이기 때문에 이런 식으로 하면 되는 거예요.

사카모토   아, 그렇군요. 이해됐어요. 역시 양 상밖에 없

네요.

양   모르는 것이 있으면 뭐든지 물어보세요.

▶ 읽기 연습

나의 고민 ①

저는 다이어트 때문에 고민하고 있습니다. 날씬한 친구에게 어떻게 하면 살이 빠지냐고 물으면 친구는 "아무것도 안 해도 저절로 빠진다"고 말합니다. 그럴 리가 없습니다. 그것은 그 친구의 체질이 그럴 뿐입니다. 친구는 "그럼 운동하면 빠지지"라고 말합니다. 그 정도는 알고 있지만 쉬운 일이 아닙니다.

그 친구는 반대로 너무 말라서 고민하고 있어 어떻게 하면 살찌냐고 묻습니다. 뭐야 그거, 살찌는 것은 쉽지 않나요? 왜냐하면 '먹으면 먹을수록 살찌는' 법이니까요. 그런데 친구는 아무리 먹어도 살찌지 않는다고 합니다. 이건 비꼬는 거 맞죠? 저는 채소밖에 먹지 않아도 살쪄 버린다는데 말입니다. 아아! 이 체질 차이! 친구가 정말 부럽습니다.

아무래도 이제 운동밖에 없겠네요. 헬스장을 다녀서 트레이너 지도를 받아 볼까? 꽃미남 트레이너와 같이 운동하면 금방 살 뺄 수 있을까? 좋아, 그럼 지금부터 꽃미남 트레이너밖에 없는 것으로 유명한 역 앞의 '스마트 피트니스'에 가 볼게요.

10과

▶ 회화

엔도   오늘은 정말 덥군요.

배   뉴스에 따르면 오늘은 올해 최고의 더위래요.

엔도   그럼 빨리 갑시다. 역까지 걸어서 몇 분 걸리는지 알아요?

배   음… 15분 정도네요. 다음 열차가 마침 15분 후에 출발이니까 서두릅시다.

엔도   이 더위라면 15분만에 갈 수 있을지 어떨지 모르겠어요.

배   그렇네요. 그럼 역까지 택시를 탈까요?

▶ 읽기 연습

나의 고민 ②

3년 동안 계속하고 있는 햄버거 가게 아르바이트를 그만둘지 어떻게 할지 고민하고 있습니다. 시급은 그런대로 괜

찮고 점장님도 좋은 사람이지만 일이 많고 힘듭니다. 그 힘듦은 아마도 햄버거 가게에서 일한 적이 있는 사람이 아니면 모를 겁니다.

"그러면 그만두면 되잖아"라고 가족이나 친구들은 말하지만, 그 힘듦과 바쁨을 알고 있기에 다른 아르바이트생과 점장님에게 죄송한 마음에, 좀처럼 그만두고 싶다는 말을 못 꺼냅니다.

그리고 대학을 졸업하고 나면 유학할지 어떨지에 대해서도 고민하고 있습니다. 취직을 생각했었지만 옛날부터 꿈이었던 해외 유학도 가 보고 싶습니다. 다만 부모님이 허락해주실지 어떨지 모르겠습니다. 이야기해 보고 허락해주신다면 어느 나라로 갈지 결정할까 싶습니다.

1과

1 ③   2 ②   3 ①

4 ④   5 ②

2과

1 ④   2 ③   3 ③

4 ③   5 ①

3과

1 ④   2 ③   3 ③

4 ②   5 ②

4과

1 ③   2 ①   3 ①

4 ②   5 ①

5과

1 ③   2 ③   3 ①

4 ②   5 ①

6과

1 ②   2 ④   3 ③

4 ②   5 ①

7과

1 ④   2 ③   3 ①

4 ④   5 ①

8과

1 ②   2 ④   3 ③

4 ②   5 ①

9과

1 ②   2 ②   3 ③

4 ②   5 ④

10과

1 ①   2 ②   3 ④

4 ④   5 ③

색인(50음도순)

か

た

は

참고 문헌

□ 박경연, 다이쿠 구미코, 하시모토 노리코, 『새로운 아나타노 일본어 1』 동양북스(2018)

□ 박경연, 다이쿠 구미코, 하시모토 노리코, 『새로운 아나타노 일본어 2』 동양북스(2018)

□ 요네타 류스케, 이케다 히로코, 시게노 미에, 후지이 가즈코, 『상담을 위한 일본어』 시사일본어사(1997)

□ 中俣尚己, 『日本語教育のための文法コロケーションハンドブック』 くろしお出版(2014)

동양북스 채널에서 더 많은 도서
더 많은 이야기를 만나보세요!

 ▶ 유튜브

 ◉ 인스타그램

 blog 블로그

 포스트

 f 페이스북

 카카오뷰

외국어 출판 45년의 신뢰
외국어 전문 출판 그룹
동양북스가 만드는 책은 다릅니다.

45년의 쉼 없는 노력과 도전으로 책 만들기에 최선을 다해온
동양북스는 오늘도 미래의 가치에 투자하고 있습니다.
대한민국의 내일을 생각하는 도전 정신과 믿음으로 최선을 다하겠습니다.

📖 동양북스